Für Maia und Emma

Vorwort

Sie sind Dienstleister und erbringen den wesentlichen Teil Ihrer Leistungen persönlich? Dann sind Sie hier genau richtig. Sie sind genau der Mensch, an den sich dieses Buch richtet. Meine Intention ist es, Ihnen mit einer Vielzahl an einfachen Grundregeln und Methoden mehr Erfolg mit Ihrem Geschäft zu verschaffen. Ich will Ihnen Denkanstöße geben und Tipps, wie Sie diese umsetzen können. Hier kommt auch schon der erste Tipp:

Tipp: Stellen Sie Ihr Geschäft nicht zu breit auf! Machen Sie das, was Sie wirklich können, noch besser!

Das ist mein Aufruf an Sie. Ich werde Ihnen in diesem Buch zeigen, wie Sie Ihre Dienstleistung optimal positionieren und verkaufen können. Meine sieben Schritte zum ultimativen Verkaufserfolg werden Sie wie ein roter Faden durch den Verkaufsprozess begleiten.
Durch meine Tätigkeit als Unternehmensberater für Dienstleister durfte ich in den letzten Jahren feststellen, dass viele meiner Kunden massive Probleme bei der Positionierung haben. Darum habe ich mich dazu entschlossen, Sie auch in diesem Punkt zu unterstützen. Das BIG-BANG-TETRAEDER wird Ihnen zeigen, wie Sie Ihre Dienstleistung optimal an Ihre Zielgruppe vermarkten können.
Als dritten Teil will ich Ihnen noch ein paar Tipps zum Wachstum Ihres Unternehmens geben. Ich wünsche Ihnen, dass Sie den Sprung vom selbstständigen Dienstleister zum Unternehmer schaffen. Dafür brauchen Sie Produkte, die Ihnen ein passives Einkommen bescheren.

Dieses Buch besteht darum aus drei Teilen:
    I   Dienstleistungsmarketing: BIG-BANG-TETRAEDER
    II   Verkauf: DIE SIEBEN SCHRITTE ZUM ULTIMATIVEN VERKAUFSERFOLG
    III Produktentwicklung: STANDARDISIERTE DIENSTLEISTUNGEN

Den Hauptteil nimmt der Abschnitt II ein. Der Verkauf ist das zentrale Thema und macht Ihre Erfolge messbar. Teil I, das Dienstleistungsmarketing, soll Sie in Ihrer Vorbereitung und Positionierung unterstützen. Ich sehe dies als Vorbereitung für Ihre Verkaufsaktivitäten, habe diesen Abschnitt aber wegen des thematischen Umfangs vom Verkauf abgekoppelt. Teil III soll Ihnen

einen Ausblick geben, wie Sie Ihr Geschäft noch erfolgreicher gestalten können, um im BIG-BANG-TETRAEDER weiter nach oben zu kommen.
Es gibt auch immer wieder Übungen und Beispiele im Buch, die Sie zum Nachdenken und Verschriftlichen anhalten sollen. Ob Sie diese machen oder nicht, ist Ihre Sache, es ist schließlich Ihr Buch. Ich empfehle es, Sie entscheiden! Ebenso ist jeder Teil so weit abgegrenzt, dass Sie für sich selbst entscheiden können, ob Sie ihn lesen oder nicht. Ich verspreche Ihnen, dass ich mir den Aufbau gut überlegt habe, damit Ihnen der größtmögliche Nutzen garantiert ist. Ich danke Ihnen für den Kauf dieses Buches und wünsche Ihnen viel Spaß sowie neue Erkenntnisse beim Lesen.

Gilbert EGGER

Bei mir steht der Mensch im Mittelpunkt – jeder!
Dieses Buch ist für jeden Menschen geschrieben, der sich für meine Themen interessiert. Unabhängig von seinem Geschlecht, seinen Wertehaltungen, seinen Überzeugungen oder seiner sexuellen Orientierung. Marketing lebt von der Kommunikation. In diesem Fall von mir als Schreiber und von Ihnen als Leser. Aus diesem Grund habe ich auf das Gendern – in welcher Form auch immer – verzichtet. Seien Sie sich aber bitte sicher, es geht die ganze Zeit um Sie und ausschließlich um Sie!

Inhalt

TEIL I: DIENSTLEISTUNGSMARKETING — 9
- Ihr persönliches BIG-BANG-TETRAEDER — 10
- Der BIG-BANG: Erfolg – aber wie? — 12
- Eckpunkt 1: Expertise — 13
- Eckpunkt 2: Zielgruppe — 17
- Eckpunkt 3: Positionierung — 20
  - *Der erste Schritt zur Positionierung: Entscheiden Sie sich für ein Fachgebiet.* — 20
  - *Der zweite Schritt zur Positionierung: Lassen Sie alles andere sein.* — 21
  - *Der dritte Schritt zur Positionierung: Arbeiten Sie an Ihrem Expertenstatus.* — 22
  - *Der vierte Schritt zur Positionierung: Spitzen Sie Ihre Positionierung zu.* — 22
  - *Der fünfte Schritt zur Positionierung: Hören Sie niemals damit auf.* — 23
- Weiterentwicklung von Dienstleistungen und Produkten — 24
- Vorbereitendes Marketing – Ihr persönlicher Marketingmix — 26
  - *Persönlicher Dienstleister – Ihre Person steht im Vordergrund* — 26
  - *Homepage* — 28
  - *Suchmaschinenoptimierung (SEO)* — 29
  - *Social-Media-Marketing* — 30
  - *„Analoges" Marketing* — 31
  - *Die Mischung macht es.* — 32

TEIL II: VERKAUF — 34
- Fit für Vertrieb! — 34
  - *Persönliche Voraussetzungen* — 35
  - *Darf ich mich auf den Kunden loslassen? Persönliche Grundvoraussetzungen für erfolgreichen Kundenkontakt* — 36
  - *Meine Dienstleistung und ich* — 39
  - *Fokussieren Sie sich! Es ist die Marke, die zählt!* — 39
  - *Wie setzen Sie Ziele?* — 40
  - *Die To-do-Liste – was hat in meiner Arbeitswoche Platz?* — 43
  - *Der perfekte Arbeitstag* — 45

Geben Sie dem „kleinen Wappler" keine Chance –
Selbstdisziplin als Schlüssel zum Erfolg   47
Vom Selbstständigen zum Unternehmer – Produktivität im
Geschäftsleben   48
Die sieben Schritte des Verkaufs   50
  Schritt 1: Vorbereitung   50
    Personas   51
    Der Pitch   56
    Persönliche Vorbereitung   56
    Mentale Vorbereitung – Energie   59
  Schritt 2: Erstkontakt   63
  Schritt 3: Bedarfsermittlung   75
    Bedürfnis, Bedarf und Nachfrage –
    Kundenmotivationen für die Kaufentscheidung   75
    Der Kunde sind eigentlich zwei Kunden   84
    Die Kunden und Entscheider   86
    Was will der Kunde jetzt eigentlich?   87
  Schritt 4: Einwandbehandlung   88
    Objektiver Einwand   89
    Subjektiver Einwand   90
    Stiller Einwand (unausgesprochen)   92
    Stichel-Einwand (boshaft)   93
    Star-Einwand – Geltungsdrang   95
    Ich-Einwand   95
    Letzter Versuch   96
  Schritt 5: Abschluss und Erfüllung   96
  Schritt 6: Feedback   99
  Schritt 7: Wiederverkauf   101

TEIL III: STANDARDISIERTE DIENSTLEISTUNGEN –
PRODUKTE AUS DIENSTLEISTUNGEN GENERIEREN   **103**
  Marketingprodukte   104
  Flankierende Produkte   105
  Standardisierte Dienstleistungsprodukte   106
  Die Umsetzung   107

TEIL I: DIENSTLEISTUNGSMARKETING

Ich will mit diesem Buch Dienstleister ansprechen: Menschen, die sich mit ihrer Dienstleistung selbstständig gemacht haben oder es auch gerade erst werden wollen. Über 60 Prozent der Unternehmen in Österreich sind Dienstleister. Ich bin zu der Überzeugung gelangt, dass die meisten im Marketing grobe Fehler machen. Warum? Weil sie versuchen, ihre Dienstleistungen wie Produkte zu vermarkten. Das kann nur zum Schiffbruch führen. Mittlerweile habe ich auch eine Theorie, warum das passiert. Es gibt zwar eine Unmenge an Literatur und elektronischen Quellen über Marketing, jedoch im Vergleich nur sehr wenige über Dienstleistungsmarketing.

Der Grund, warum sich die meisten Bücher mit der Vermarktung von Produkten beschäftigen, ist einfach. Diese Bücher wurden für Mitarbeiter in großen Unternehmen geschrieben, häufig auch für Mitarbeiter in Marketingagenturen. Sie als Selbstständiger, Freiberufler und Kleinunternehmer sind nicht die Zielgruppe. Definitiv nicht. Das ist die schlechte Nachricht, denn Dienstleistungsmarketing funktioniert anders als Produktmarketing.

Die wirklich gute Nachricht für Sie als Dienstleister ist jedoch, dass Sie, genau Sie, die Zielgruppe meines Buches sind. Ich habe mich nach längerem Hin und Her dazu entschlossen, diesen Marketingteil in mein Buch aufzunehmen. Sie werden als Dienstleister sowohl den Verkauf als auch das Marketing erledigen oder zumindest koordinieren müssen. Sie stehen im Mittelpunkt, denn der Kunde kauft Ihre Dienstleistung Ihretwegen, darum müssen das Marketing und der Verkauf exakt auf Sie als Person abgestimmt sein.

Der Kunde nimmt Ihre Dienstleistung über Sie wahr. Ihre Positionierung und Erfahrung müssen ein stimmiges Bild vermitteln. Ihre Kunden müssen Ihnen glauben und vertrauen können, dass Sie dafür stehen, womit Sie nach außen auftreten. Die drei Teile meines Buches sollen Ihnen helfen, Marketing und Verkauf bzw. Vertrieb in optimalen Einklang zu bringen. Ich wünsche Ihnen auf diesem Weg viele neue Gedanken und herausragende Erfolge.

Ihr persönliches BIG-BANG-TETRAEDER

Der Erfolg Ihrer Selbstständigkeit lässt sich in dieser einfachen Formel ausdrücken:

Expertise + Zielgruppe + Positionierung = Verkaufserfolg

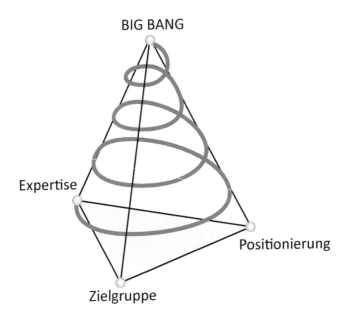

Ihre persönliche Expertise, Ihre Kenntnisse über Ihre Zielgruppe und eine markante Positionierung Ihrer Dienstleistungen bilden die Eckpunkte der dreieckigen Grundfläche. An der Spitze steht Ihr Erfolg. Der Big Bang!
Was meine ich damit? Wenn Sie immer höherpreisige Dienstleistungen vermarkten wollen, dann müssen Sie an Ihrer Expertise arbeiten. Sehen Sie die Expertise als lebenslangen Lernprozess, in dem Sie durch praktisches Machen Erfahrungen sammeln und durch theoretische Weiterbildung Erkenntnisse gewinnen. Ihre Expertise wird dadurch ganz automatisch größer. Sie bildet Ihren Ausgangspunkt zu den Begriffen Zielgruppe und Positionierung. Denn das bieten Sie Ihrer Zielgruppe an: Ihre Expertise, basierend auf theoretisch erworbenem und praktisch erprobtem Wissen.

TEIL I: Dienstleistungsmarketing

Den zweiten Punkt bildet die Zielgruppe. Sie müssen genaue Kenntnisse über Ihre Zielgruppe erwerben. Sie müssen sich in sie hineindenken. Sie werden nur dann auf dem Markt erfolgreich sein, wenn Sie es schaffen, Ihr Wissen so in Dienstleistungen zu verpacken, dass sich Ihre Zielgruppe angesprochen fühlt, also kauft. Das Feedback, das Sie von Ihren Kunden erhalten, bezeichne ich als Marktresonanz. Ihre Herausforderung wird darin liegen, richtig mit diesen Informationen umzugehen und sich ständig weiterzuentwickeln.

Den dritten Punkt stellt Ihre Positionierung dar. Er ergibt sich aus Ihrer Expertise und Ihrer angestrebten Zielgruppe. Je präziser und authentischer Sie sich aufstellen, umso wahrscheinlicher ist es, dass Sie Ihre Zielgruppe erreichen. Versagen Sie bei diesem Punkt in der Marktkommunikation, werden Sie schlicht und ergreifend nicht wahrgenommen.

Beachten Sie diese Vorgehensweise, dann wird sich auch der Erfolg einstellen. Ich für meinen Teil sehe Erfolg im Geschäft als eine Münze mit zwei Seiten. Auf der einen Seite steht Ihr Verkaufserfolg. Dieser lässt sich leicht in Zahlen messen. Auf der anderen Seite steht der Mehrwert für Ihre Kunden. Produzieren Sie echten Mehrwert für Ihre Zielgruppe, so halten Sie Ihr Geschäft in Balance. Sie schaffen ein faires Miteinander zum gegenseitigen Vorteil. Das ist meine Auffassung eines nachhaltigen Geschäftsgebarens auf Augenhöhe. Je erfolgreicher Sie als Experte wahrgenommen werden, umso höher können Sie sich im BIG-BANG-TETRAEDER positionieren. Das bedeutet für Sie, dass sich Teile Ihrer Zielgruppe verändern werden. Je größer Ihr Erfolg ist, umso erfolgreicher werden auch Ihre Kunden werden, und Sie werden immer erfolgreichere Kunden auf einem höheren Preisniveau ansprechen. Dadurch werden Sie neue, speziellere Dienstleistungen anbieten können. Die bisherigen Dienstleistungen können Sie weitgehend standardisieren. (Siehe dazu Teil III)

All das ist mit permanenter Arbeit an Ihren Erfolgsfaktoren Expertise – Zielgruppe – Positionierung verbunden. Vernachlässigen Sie nur einen dieser Punkte, werden Sie im Tetraeder nicht weiter aufsteigen, sondern kurzfristig stehen bleiben und dann absinken. Ich verspreche Ihnen hier keine vermeintlich einfache, schnelle und leichte Methode zum Erfolg. Erfolg hat immer mit Arbeit zu tun. Im Verkauf und im Marketing müssen Sie ständig konsequent arbeiten, um voranzukommen. Wenn Sie sich daran gewöhnt haben, wird es Ihnen immer leichter fallen, Ihr Geschäft voranzubringen. Ein bekanntes Zitat von Winston Churchill lautet: „Geben Sie nie, nie, nie auf!" Dem kann ich mich nur voll und ganz anschließen.

Mich regen all die selbsternannten Berater, Coaches und Trainer maßlos auf, die in ihren Videos vor irgendwelchen Sportautos posieren und ihren Kunden viel schnelles Geld für wenig Arbeit versprechen. In den meisten Fällen bleiben sie die Einzigen, die damit viel Geld verdienen. Erfolg ist stets mit Arbeit und einem hohen Maß an Selbstdisziplin verbunden. Erst mit dem Erfolg stellt sich ein immer höheres Maß an Freiheit ein. Viele denken hier an mehr Geld – ich denke an mehr Zeit (dank des Geldes) und an immer mehr Möglichkeiten, meiner Vision zu folgen.
Ich für meinen Teil habe mich selbstständig gemacht, weil ich ein höheres Maß an Freiheit haben wollte. Ich wollte keinen Chef mehr haben und mein Leben nicht mehr in irgendwelchen mir vorgegebenen Mustern verbringen. Ich will über mein Leben selbst bestimmen und ein so hohes Maß an Freiheit und Selbstverwirklichung wie nur irgend möglich erreichen. Ich will das nicht auf Kosten anderer Menschen tun, sondern ihnen auf ihrem Weg echte Unterstützung geben. Darum muss auch für Sie die zentrale Frage für Ihre geschäftlichen Überlegungen lauten:
„Welchen echten Mehrwert kann ich meiner Zielgruppe dank meiner Expertise bieten und wie muss ich mich dafür positionieren?" Bevor ich auf diese drei Punkte näher eingehe, will ich mit Ihnen das Thema Erfolg besprechen.

Der BIG-BANG: Erfolg – aber wie?

Ich beginne ganz bewusst mit dem Thema Erfolg. Denn das ist das, was Sie haben sollten. Jedoch müssen Sie sich dazu erst die Frage stellen, was genau Sie erreichen wollen. Es gibt zwei grundlegende Fragen, die Sie für sich klären müssen, um erfolgreich sein zu können. Hier die erste Frage:
Was ist meine Vision?
Gehen Sie gedanklich in die Zukunft – an das Ende Ihrer Geschäftstätigkeit – und überlegen Sie, was Sie dann erreicht haben wollen. Stellen Sie sich vor, was Sie dann genau machen, wofür Ihr Unternehmen, Ihr Name und Ihre Dienstleistungen stehen. Überlegen Sie sich, welches Image Sie und Ihre Firma haben. Stellen Sie sich vor, wie die Menschen in Ihrem Umfeld über Sie denken und – was noch viel wichtiger ist – wie Sie selbst über sich denken. Stecken Sie sich Ihre Ziele nie zu klein. Sie sollten sich schon strecken und bewegen müssen, um sie zu erreichen oder um ihnen so nahe wie möglich zu kommen. Wie geht es Ihnen in der Zukunft? Sind Sie finanziell unabhängig? Sind Ihre Kunden von der Qualität Ihrer Leistungen überzeugt? Sind Sie

mit sich selbst zufrieden? Haben Sie mehr erreicht, als nur Geld zu verdienen? Sind Sie Ihren Herzenswünschen gefolgt und haben Sie einen echten Mehrwert für diese Welt hinterlassen? ...

Ich verrate Ihnen gleich an dieser Stelle, was mir an meiner Selbstständigkeit besonders wichtig ist. Ich will einen echten Mehrwert für meine Kunden erzeugen, denn am Ende des Tages werde ich genau dadurch finanziell unabhängig. Finanzielle Unabhängigkeit ist in unserer Gesellschaft die Basis für mehr Freiheit. Ich will so frei wie möglich sein und andere Menschen dabei unterstützen, dies auch zu werden. Wenn ich anderen helfe, werden viele von ihnen wiederum mir helfen. Wir schaffen also gemeinsam Synergien zum gegenseitigen Vorteil. So funktioniert erfolgreiche Selbstständigkeit.

Dies waren nur ein paar Fragen und Überlegungen, die Sie sich stellen können und sollen, um Ihre Vision zu formulieren. Ich verspreche Ihnen, es klingt einfacher, als es ist.

Meine Vision: _____

Hinweis: Ich beschreibe im II. Teil des Buches noch genauer, wie Sie eine Zielsetzung für Ihre Zwecke machen können, und zeige Ihnen, wie ich an diese Sache herangehe.

Jetzt können Sie sich auf den Weg zum Erfolg machen. Die zweite Frage, die Sie sich nun stellen dürfen: Wie erreiche ich dieses Ziel (Teilschritte, Terminplanung ...)?

Das ist der Grund, aus dem ich dieses Buch geschrieben habe. Ich will Ihnen helfen, Ihr Ziel zu erreichen. Ich erkläre Ihnen, worauf Sie bei den Themen Expertise, Zielgruppe und Positionierung achten müssen, um Ihr Ziel zu erreichen.

Eckpunkt 1: Expertise

Würden Sie zu einem Arzt gehen, der auf seiner Homepage behauptet, dass er Internist, Dentist, Chirurg, Orthopäde und Augenarzt ist?

Würden Sie einen Handwerker buchen, der von sich selbst behauptet, dass er Installateur, Elektriker, Tischler, Zimmermann, Maurer und Fliesenleger ist?

Ich denke Sie kennen die Antwort. Wenn Sie einen Orthopäden brauchen, gehen Sie zum Orthopäden, wenn Sie einen Zahnarzt brauchen, dann eben zum Zahnarzt. Wenn Sie einen Wasserschaden in der Wohnung haben, rufen Sie niemanden, der hauptberuflich Tischler ist und vielleicht auch ein Rohr flicken kann.

Wollen Sie einen Fachmann haben? Selbstverständlich! Sehen Sie, Ihre Kunden wollen das auch. Sie wollen keinen „Ich kann alles in allen Branchen", der quasi alles „kann" und einen Bauchladen von Dienstleistungen und Produkten vor sich herträgt. Sie wollen einen Fachmann, von dem sie vorab überzeugt sind, dass er mit seinem Können ihre Probleme löst.

Diese Einsicht ist Ihr erster Schritt in Richtung Positionierung. Wählen Sie ein Fachgebiet aus – ein einziges – und vertiefen Sie sich darin. Ich habe z.B. unzählige Male Trainer in der Erwachsenenbildung erlebt, die behauptet haben, dass sie ohnehin alles unterrichten können. Die meisten von ihnen waren Wirtschaftsakademiker und waren auch in der Lage, alle wirtschaftlichen Themen auf einem Grundniveau zu unterrichten. Vielleicht sogar noch ein bisschen Englisch, ein paar Softskills, die Grundlagen der Rhetorik und auch noch ein paar Stunden Präsentationstechnik. Auch ich habe zu Beginn meiner Karriere diesen Fehler gemacht.

Warum? Weil Sie neu sind als Selbstständiger, Sie wollen auf die Beine kommen und haben keine Sicherheit, dass Ihr Geschäft funktionieren wird. Sie befinden sich im „Mangel". Schon geht das Hamstern los. Der Auftrag, dieser Abendkurs, und dies und das nehme ich auch noch mit. Nach etwa ein, zwei Jahren werden Sie merken, dass Ihre Auftragsbücher so weit gefüllt sind, dass Sie von Ihrer Tätigkeit leben können, und dass Sie außerdem fünf Tage die Woche acht bis zwölf Stunden am Tag unterrichten. So erging es zumindest mir in meiner Anfangszeit. Ich habe diesen Fehler gemacht, Sie können ihn gleich vorab vermeiden.

Ich muss kein Prophet sein, um Ihnen Folgendes sagen zu können: Sie werden mit der „Bauchladenstrategie" immer auf dem untersten Niveau des BIG-BANG-TETRAEDERS arbeiten. Sie werden nur über den Preis verkaufen können. Sie werden derjenige sein, der von morgens bis abends rennt, ohne dass Sie sich weiterentwickeln. Sie haben schlicht und ergreifend keine Zeit, das zu tun – wann denn auch? Sie sind am Wochenende von der Arbeitswoche geschlaucht und denken mit Grauen an den nächsten Montag.

Es wird Sie auch niemand als Experten wahrnehmen, obwohl sie doch soooo viel können. Das tun Sie eben nicht aus Sicht Ihrer Kunden. Sie arbeiten am untersten Niveau. Vielleicht können Sie Telefontrainings mit Sachbearbeitern machen, aber Sie werden nicht die Führungsebene coachen. Der Grund hierfür liegt auf der Hand: Sie werden wegen Ihres günstigen Preises gebucht, der vermutlich sogar noch verhandelbar ist. Aber niemand bucht Sie für Ihre Expertise. Warum nicht? Weil Ihnen niemand für 5, 6, 7 unterschiedliche Fachgebiete die entsprechende Anzahl an Expertisen abnimmt. Sie sind genau den falschen Weg gegangen. Drehen Sie um!

Dieses Thema ist eines der meistdiskutierten Themen, die ich mit meinen Kunden bespreche. Es kommen an dieser Stelle häufig Dialoge wie diese vor:

„Ohne das, das und das kann ich wirtschaftlich nicht überleben."

„Doch, das können Sie, wenn Sie sich auf einen Bereich konzentrieren und spezialisieren!"

„Das ist aber nicht einfach, was Sie mir da vorschlagen, da muss ich Nein zu Kunden sagen!"

„Ja, das müssen Sie. Das sind auch nicht Ihre Kunden, die gehören nicht mehr zu Ihrer Zielgruppe."

„Aber wie schaut das denn aus, wenn ich zu potenziellen Interessenten einfach Nein sage?"

„Professionell, weil Sie als spezialisierter Experte im hochpreisigen Segment wahrgenommen werden wollen. Glauben Sie, dass ein echter Hollywoodstar in einem C-Movie für eine ,Diskontgage' auftreten würde?"

„Nein, sicher nicht. Aber ich bin kein Star."

„Das stimmt, aber wenn Sie mit Ihrer ,Bauchladenstrategie' weitermachen, dann werden Sie das auch nie. Sie entfernen sich vom Ziel, Sie gehen nicht darauf zu. Ich will, dass Sie es bis an die Spitze schaffen."

...

Je nach Kunden dauert diese Überzeugungsphase unterschiedlich lange. Ich habe für deren Einstellung volles Verständnis, schließlich bin auch ich in die falsche Richtung gegangen und musste umdrehen.

Dann habe ich die wohl beste Entscheidung meines Lebens getroffen: Ich habe begonnen, mich auf mein Kernthema, den Verkauf, zu konzentrieren. Ich habe alle Seminar-, Schulungs- und Coachingangebote abgelehnt, die nichts mit meinem Thema Verkauf zu tun hatten.

Darf ich Ihnen etwas verraten? Aber bitte nicht weitersagen! Ich verdiene jetzt erheblich mehr als früher. Außerdem hat sich mein Aufwand für mein laufendes Geschäft stark verringert. Ich bereite nicht mehr unterschiedlichste Themen vor, was Stunden und Tage dauern würde, glauben Sie mir.

Ich habe einen Fundus an Seminarbausteinen, und die stelle ich für meine Kunden zusammen. Mein Kunde bekommt ein individualisiertes Top-Produkt zum fairen Preis, und ich habe den Vorteil, dass ich mit weniger Vorbereitungszeit mehr Kunden zu höheren Preisen betreuen kann. Ich habe mehr davon, und auch mein Kunde hat mehr von meiner Dienstleistung, weil ich anstelle von Breitenwissen viel weiter in die Tiefe gehen kann. Als nächsten Schritt habe ich die Gewerbeberechtigung als Unternehmensberater für „Marketing und Vertrieb" beantragt und diese auch bekommen. Sofort hatte ich meinen ersten Kunden – und wieder einen und wieder einen. Alle hatten eines gemeinsam: Sie waren Dienstleister. Ich hatte diesen Erfolg mit einigen Marketingmaßnahmen und mit viel Mundpropaganda. Meine Zielgruppe ist mir beinahe zugeflogen. Oder war es doch mehr als Zufall? Lassen Sie uns kurz gemeinsam überlegen: Ich war schon einige Jahre als Trainer tätig, also als Dienstleister; ich habe mich erfolgreich auf das Thema Verkauf spezialisiert; ich habe mir, um mich weiter in mein Thema vertiefen zu können, die Gewerbeberechtigung als Unternehmensberater für Marketing und Vertrieb geholt; ich bin bereits seit mehreren Jahren Dienstleister und Experte für Verkauf. Kann es ein Zufall sein, dass ausgerechnet Dienstleister meine Angebote in Anspruch nehmen?

Ich weiß heute, dass es kein Zufall ist. Allerdings musste ich vorab eins und eins zusammenzählen, um meinen Durchbruch zu schaffen. Jetzt arbeite ich kontinuierlich daran weiter, denn als Experte für Verkauf von Dienstleistungen habe ich dieses Buch geschrieben.

Meine Expertise liegt in der Vermarktung von Dienstleistungen. Bitte überlegen Sie sich jetzt Folgendes:

Auf welchem Gebiet haben Sie persönlich Expertenwissen auf Grund Ihrer Ausbildung und Ihrer beruflichen Erfahrung?

Experte für: _____
Anmerkung: Vielleicht fallen Ihnen hier mehrere Gebiete ein, entscheiden Sie sich bitte für das, was Ihnen am meisten Spaß und Freude bereitet!

TEIL I: Dienstleistungsmarketing

Eckpunkt 2: Zielgruppe

Ich mag dieses Wort zwar nicht sonderlich, doch es ist nun einmal der gängigste Begriff für Menschen und Unternehmen (deren handelnde Personen wiederum Menschen sind) für dieses Thema.
Die zentrale Frage für Sie ist: Welche Personen(gruppen) bzw. Unternehmen haben einen echten Mehrwert von Ihrem Fachwissen?

Ein Beispiel: Sie beherrschen eine Fremdsprache perfekt! Wollen Sie dieses Können einsetzen, um:
- Reisegruppen zu leiten?
- Sprachkurse zu geben?
- Zu dolmetschen und zu übersetzen?
- Ein eigenes Geschäft in diesem Land aufzumachen?
- ...

Ein weiteres Beispiel: Sie sind junger Anwalt und wollen Ihre Zielgruppe ausfindig machen. Wollen Sie mit Ihrer Expertise:
- Mit Privatpersonen arbeiten? Wenn ja, in welchem spezialisierten Bereich?
- Firmen ansprechen?
- Sich auf Immobilien oder Bauträger spezialisieren?
- ...

Ein Beispiel noch: Sie sind Fotograf und wollen Ihre Zielgruppe ausfindig machen. Wollen Sie performen als:
- Hochzeitsfotograf?
- Mit Familienporträts?
- Mit Produkt- und Katalogfotografie?
- Als künstlerischer Fotograf?
- ...

Ich will Ihnen mit diesen Beispielen nur veranschaulichen, dass sich aus Ihrer Expertise im Regelfall verschiedenste Möglichkeiten ergeben. Auch an dieser Stelle müssen Sie wieder Ihre Entscheidung treffen, auf welche Zielgruppe Sie sich spezialisieren wollen.
Greifen wir noch einmal das Beispiel mit dem jungen Anwalt auf. Es wird mit seinen Marketingmaßnahmen (denn darum analysieren wir die Zielgruppe)

sehr schwierig sein, Bauträger, Paare, die sich scheiden lassen wollen, und Menschen, die ein Unternehmen gründen wollen, gleichermaßen anzusprechen. Für diese exemplarische Aufstellung bräuchte er drei getrennte Werbelinien.

Hier meine Fragen an Sie:
- Glauben Sie wirklich, dass Sie drei völlig unterschiedliche Dienstleistungslinien an Ihre Zielgruppen kommunizieren können?
- Sind Sie sich sicher, dass Sie drei Linien fachlich exzellent bearbeiten können, sodass Sie im BIG-BANG-TETRAEDER ganz nach oben kommen?

Ich denke, Sie kennen meine Meinung zu diesem Thema bereits. Ihre Meinung dazu habe ich hoffentlich beeinflusst.

Zuvor habe ich bereits erwähnt, dass ich meine Expertise zum Thema Verkauf aufgebaut habe: ein breites Thema. Ich habe deswegen herumprobiert und sehr schnell die unterschiedlichsten Kunden angesprochen, doch auch diese waren nicht einheitlich ansprechbar. Darum habe ich mich auf die Zielgruppe Selbstständige bzw. Freiberufler und auf deren Dienstleistungen spezialisiert. Warum? Diese Gruppe ist relativ einheitlich ansprechbar, denn:

- Ich liebe die Arbeit als Selbstständiger, meine Kunden tun das auch.
- Meine Zielgruppe hat meistens kaum oder gar keine Vorbildung in Marketing und Verkauf, darum produziere ich ab dem ersten Meeting einen echten Nutzen für meinen Kunden.
- Die persönliche Dienstleistung steht im Vordergrund.
- Meine Kunden haben, gerade am Beginn ihrer Tätigkeit, oft ähnliche ökonomische Voraussetzungen.
- Diese Menschen haben das Selbstvertrauen, ihr Leben selbst in die Hand zu nehmen. Die Arbeit mit meinen Kunden macht darum wirklich Spaß.
- Sie haben oft ähnliche Wertemuster und Glaubenssätze.
- Ich kann meine Strategien für das BIG-BANG-TETRAEDER auf den Geschäftsinhaber „maßschneidern".
- Ich kann schnell feststellen, welcher „Verkäufertyp" er ist und wo seine Stärken und Schwächen liegen. Maßgeschneiderte Trainings und Coachings runden mein Angebot ab.

- Durch die Erfahrung mit dieser einen Zielgruppe wächst mein Berater-Know-how von Kunde zu Kunde – der Mehrwert meines Kunden steigt gleichzeitig mit meiner Expertise.
- Meine Zielgruppe ist online und analog ansprechbar.
- Die Zielgruppe ist für mein Geschäftsmodell mehr als groß genug. Ich werde sie in Zukunft noch weiter einschränken müssen. Dadurch wandere ich im BIG-BANG-TETRAEDER ständig nach oben.

Ich weiß, dass die Eingrenzung der Zielgruppe nicht einfach ist. Sie ist aber notwendig. Hier einige Fragen, die Ihnen dabei helfen sollen:

- Wer hat einen echten Mehrwert von meinem Fachwissen?

_____

- Wie kann ich meine Zielgruppe einheitlich ansprechen?

_____

- Macht mir die Arbeit mit dieser Zielgruppe Spaß?

_____

- Welches (geschätztes) Einkommen kann ich mit dieser Zielgruppe erzielen? Entspricht dies meinen Erwartungen an meine selbstständige bzw. freiberufliche Tätigkeit?

_____

Dies sind nur einige wenige Eckpunkte, die Sie sich zur Zielgruppe unbedingt überlegen sollten. Stellen Sie gerne weitere eigene Überlegungen an und halten Sie diese unbedingt schriftlich fest: Wer schreibt, der bleibt!

Eckpunkt 3: Positionierung

Der erste Schritt zur Positionierung: Entscheiden Sie sich für ein Fachgebiet.

Es ist völlig egal, ob Sie Trainer, Softwareengineer, Unternehmensberater, Anwalt oder welche Art von Freiberufler oder Selbstständiger Sie sonst sind:

Entscheiden Sie sich für ein Fachgebiet, in dem Sie echte Expertise aufbauen!

Sie müssen auch nicht neu im Geschäft sein. Viele Selbstständige kämpfen gerade jetzt in Krisenzeiten damit, dass ihre Dienstleistungen viel zu leicht durch andere ersetzbar sind. Zugegeben: Niemand auf dieser Welt ist unersetzbar. Die Frage ist, wie schwierig ist es, Sie zu ersetzen. Wenn Sie lediglich Dienstleistungen auf Grundniveau anbieten, dann werden Sie sehr leicht ersetzt werden können. Wenn Sie es in weiterer Folge schaffen, in einem Gebiet an die Spitze zukommen (darüber sprechen wir noch) und ständig an sich weiterarbeiten, dann wird das schon viel schwieriger.
Darum muss Ihre erste Entscheidung Ihr persönliches Fachgebiet sein. Als Entscheidungshilfe empfehle ich Ihnen, in sich hineinzuhorchen und Folgendes festzustellen:
- Was macht mir am meisten Spaß?
- Bin ich von meiner Dienstleistung zu 100 Prozent überzeugt?
- Produziere ich damit einen echten Mehrwert für meinen Kunden?

Das ist aus meiner Sicht die wichtigste Entscheidung beim Vermarkten einer Dienstleistung.
Einer meiner Kunden, ein Anwalt, hatte auf seiner Homepage acht oder neun Rechtsgebiete, auf die er angeblich spezialisiert war. Ich fragte ihn, ob er denn in all diesen Fachgebieten wirklich maßgeblich tätig sei. Er war das natürlich nicht. Er erklärte mir aber gleich im nächsten Satz, dass er all diese Rechtsgebiete betreuen müsse, um wirtschaftlich über die Runden zu kommen. Ich musste schmunzeln und stellte ihm folgende Frage: „Sind denn all jene Kanzleien, die auf Strafrecht oder Immobilienrecht oder auf sonst ein Rechtsgebiet hochspezialisiert sind, unmittelbar von einer Insolvenz bedroht?" Denn schließlich wäre das der Umkehrschluss zu seiner selbst aufgestellten Behauptung. Seine Antwort kam prompt: „Natürlich nicht! Die

sind weithin bekannt für ihre Tätigkeit und ihre Erfolge. Die haben ein Vielfaches von meinen Stundensätzen, und deren Mandanten lukrieren sich wie von selbst."

Jetzt frage ich Sie: Was haben diese Kanzleien anders gemacht als der Anwalt in meinem Beispiel? Richtig: Sie haben sich spezialisiert und in weiterer Folge positioniert. Sie haben darüber hinaus ihren Kunden kommuniziert, dass sie nur für ein bestimmtes Rechtsgebiet zuständig sind, hierfür aber über meisterhafte Fähigkeiten verfügen. Sie mussten dafür folgende Dinge tun:

Der zweite Schritt zur Positionierung: Lassen Sie alles andere sein.

Sie haben sich für ein Fachgebiet entschieden. Dann haben sie sich dazu durchgerungen, alles andere sein zu lassen. Sie haben ihre Auftragsbücher aufgeräumt und beschlossen, Mandanten, die nicht dem entsprechen, abzulehnen. Sie haben richtig gehört – sie haben Interessenten abgelehnt. Haben Sie das auch schon gemacht? Es war im Nachhinein das einzig Richtige, und es wird auch in Zukunft das einzig Richtige sein. Wenn Sie sich positionieren, fallen alle Kunden, die nicht Ihrer Positionierung entsprechen, weg. Das ist gut so. Sie haben jetzt weniger Kunden und dafür mehr Zeit. Mir ist klar, dass Sie all die Jahre in die andere Richtung gedacht, vielleicht auch gearbeitet haben, aber hätte das so toll funktioniert, dass Sie jetzt ganz zufrieden sind, dann würden Sie wohl nicht mein Buch lesen. Schenken Sie mir bitte das Vertrauen, dass dieser Weg funktioniert, ich erkläre Ihnen auch gleich, warum er funktioniert.

Sie sind vielleicht jahrelang Aufträgen hinterhergelaufen, und Ihr Gefühl des Mangels und einer gewissen Unsicherheit hat sich in all den Jahren nie gelegt. Vielleicht stehen Sie auch ganz, ganz am Anfang und haben genau diese eine große Angst. Ich wünsche mir für Sie eine Situation, in der die Kunden zu Ihnen kommen. Ich wünsche mir für Sie, dass Sie die Möglichkeit haben, „Nicht-Kunden" abzulehnen und nicht jeden noch so kleinen Auftrag annehmen zu müssen. Ich wünsche mir für Sie, dass Ihr Geschäft so richtig Spaß macht und Gewinne für Sie abwirft.

Vielleicht wenden Sie jetzt gerade geistig ein: „Aber so etwas können doch niemals alle machen!" Sie haben völlig recht, das können nicht alle machen. Aber Sie können das tun. Es ist Ihre Entscheidung, ob Sie das machen wollen, was „alle" machen, oder ob Sie etwas Außergewöhnliches erreichen wollen.

Dafür müssen Sie aufräumen, also alles, was nicht Ihrem Kerngeschäft entspricht, loslassen und sich zeitliche Ressourcen verschaffen. Diese Ressourcen brauchen Sie für die folgenden zwei Tätigkeiten.

Der dritte Schritt zur Positionierung: Arbeiten Sie an Ihrem Expertenstatus.

Erstens müssen Sie Ihren potenziellen Kunden deren Mehrwert kommunizieren. Zweitens müssen Sie selbst ständig up to date bleiben, um fachlich laufend zu wachsen. Diese beiden Maßnahmen erhöhen Hand in Hand Ihren Expertenstatus. Sie werden immer besser, und Ihre Kunden erfahren, dass Sie immer besser werden.

Echte Expertise + Status bei Ihren Kunden = Expertenstatus

Die Kundenkommunikation ist ein sehr weites Feld. Es gilt, Ihre Zielgruppe mit Ihrem Können und Fachwissen echt zu überzeugen und nicht nur mit Werbung zu gewinnen. Aus meiner Sicht gilt dies insbesondere für sensible Berufe wie etwa Anwälte. Diesen Gruppen ist die sogenannte „marktschreierische Werbung" verboten. Im Rahmen meiner Tätigkeit als Unternehmensberater für Marketing und Vertrieb finde ich auch für diese Gruppen saubere Lösungen, ihre Dienstleistungen zu kommunizieren.
Drei Ziele müssen hier ganz allgemein immer erreicht werden:
- Als Erstes müssen Sie Ihre Zielgruppe definieren.
- Dann müssen Sie mit Ihren Interessenten zielgruppengerecht kommunizieren, damit diese zu Kunden werden.
- Als drittes und letztes Ziel muss Ihr Kunde so zufrieden mit Ihrer Leistung sein, dass er wiederkommt und Sie sogar weiterempfiehlt. Denn es gilt auf alle Zeit: Ihre beste Werbung ist Ihr zufriedener Kunde.

Der vierte Schritt zur Positionierung: Spitzen Sie Ihre Positionierung zu.

Sie haben sich auf ein Fachgebiet spezialisiert und sich ständig weitergebildet. Sie merken, dass Sie in einem Teilbereich sogar außerordentliches Wissen erworben haben, und machen mit diesem tolle Umsätze. Dann ist es an der Zeit, Ihre Positionierung weiter zuzuspitzen. Dadurch wandern Sie auf dem BIG-BANG-TETRAEDER weiter nach oben. Im Wesentlichen beginnt hier der Prozess von Neuem, allerdings noch schlanker aufgestellt als zuvor. Im Extremfall kann dies sogar dabei enden, dass Sie nur noch ein ganz kleines, hochspezialisiertes Teilgebiet Ihres Fachgebiets betreuen. Je zugespitzter diese Positionierung wird, umso höher werden automatisch Ihre Honorare und Umsätze. Warum? Ganz einfach, weil immer mehr Konkurrenz automatisch wegfällt. Sie haben eingangs die Entscheidung getroffen, dass Sie sich auf ein Teilgebiet spezialisieren. Somit stehen alle anderen Marktteilnehmer Ihrer Branche, die dieses Teilgebiet nicht betreuen, nicht mehr in Konkurrenz mit Ihnen. Die Zahl Ihrer Mitbewerber ist mit einem Schlag um vieles überschaubarer geworden. Bei diesem vierten Schritt entscheiden Sie sich, Ihre Positionierung weiter zuzuspitzen. Wenn Sie es schaffen, dies erfolgreich zu kommunizieren, fällt ein Großteil der verbleibenden Mitbewerber abermals weg. Sie haben sich dadurch von einem immensen Marktdruck befreien können, ohne jemals in einen aggressiven Verdrängungswettbewerb zu treten. Sie sind schlicht und ergreifend immer besser geworden. Ihre Kunden wissen das zu schätzen und betreiben eifrig Werbung für Sie. Der Schlüssel dazu, dass dieser Erfolg von Dauer sein kann, liegt im Schritt Nummer fünf.

Der fünfte Schritt zur Positionierung: Hören Sie niemals damit auf.

Sie müssen ständig damit weitermachen. Darum habe ich Ihnen zu Beginn Folgendes geraten: Entscheiden Sie sich für ein Thema, das Ihnen wirklich Spaß macht. Ohne Spaß, Freude und Leidenschaft werden Sie es nie zu wahrer Meisterschaft bringen. Das ist der Grund, weshalb Sie sich ständig in jenen Bereichen weiterbilden werden, die Sie in Ihrer Arbeit besser werden lassen. Sie haben Spaß und Freude an Ihrer Arbeit. Kommunizieren Sie Ihre neuen Erkenntnisse Ihren Kunden und spitzen Sie Ihre Positionierungen immer weiter zu. Wenn Sie sich den Markt ihrer Branche als BIG-BANG-TETRAEDER vorstellen, dann sind die Marktteilnehmer mit dem eingangs erwähnten „Bauchladen" an Produkten und Dienstleistungen an der dreieckigen Grundfläche zu finden. Je breiter sie sich aufstellen, umso größer wird die Grundfläche. Das bedeutet, dass der Weg an die Spitze immer länger und unerreichbarer wird. All jene, die es schaffen, sich auf ein Fachgebiet zu spezialisieren, starten schon automatisch weiter oben. Hier ist zwar der Gesamtmarkt kleiner, aber dafür ist das Preisniveau höher und die Mitbewerber sind weniger. Mit jeder Zuspitzung Ihrer Positionierung rücken Sie weiter nach oben in Richtung Spitze, also in Richtung Erfolg. Dort oben haben Sie Ihre Marktnische gefunden. Sie sind dann nahezu konkurrenzlos im höchsten Preissegment. Ich wünsche mir für Sie, dass Sie in Ihrer Branche ganz an die Spitze kommen.

Weiterentwicklung von Dienstleistungen und Produkten

Nachdem Sie sich auf ein Fachgebiet festgelegt haben, entwickeln Sie daraus Ihre Dienstleistungen und später Ihre Produkte. Ihre Expertise in einem Fachbereich ist nur dann von Nutzen, wenn Sie kundengerecht vermarktbar ist. Das bedeutet, dass Sie ihre Fähigkeiten in Pakete schnüren müssen, die Sie Ihren Kunden anbieten.

Ein einfaches Beispiel: Sie gehen zu einem Kundengespräch und erzählen ganz ausführlich, welche Expertisen Sie haben. Sie erklären ganz genau, welche Ausbildungen Sie gemacht haben und wie gut Sie sich in Ihrem Fachgebiet auskennen. Irgendwann wird sich der Kunde fragen: „Was habe ich davon?"

Genau diese Frage soll sich jedoch nicht stellen, wenn Sie Ihre Dienstleistung präsentieren. Der Nutzen für den Kunden und die diversen Zusatznutzen (Ihre stärksten Zugpferde) müssen klar hervorgehen. Sie verkaufen schließlich eine Dienstleistung, die sich aus Ihren Fähigkeiten ergibt, und nicht Ihre Fähigkeiten. Auf Nachfrage oder Nachsuche (z.B. fast ausschließlich im Internet) muss sich Ihre Expertise dann glaubhaft darstellen lassen. Keinesfalls umgekehrt!

Beim Entwickeln Ihrer Dienstleistungen und Produkte müssen Sie sich fragen: Wer ist mein Kunde und wie kann ihm meine Expertise nützen? Sie müssen sich bemühen, die Welt mit seinen Augen zu sehen. Sie brauchen Verständnis für seine Probleme und Herausforderungen, und Ihre Dienstleistung muss diese lösen.

1) Ihre Fragestellungen an sich selbst müssen lauten:
   Wer gehört zu dieser neuentstandenen Zielgruppe? (Diese kann von der ursprünglichen abweichen, weil die Produkte preisgünstiger sind als die persönlichen Dienstleistungen)

2) Welche Probleme meines Kunden kann ich mit meinem Fachwissen lösen?

---

3) Welche Produkte und Dienstleistungen kann ich daraus machen?

---

4) Wie setze ich dies um?

---

5) Welche zusätzlichen Serviceleistungen kann ich meinem Kunden bieten?

Anmerkung: Warum spreche ich von Dienstleistungen und Produkten (standardisierten Dienstleistungen)? Siehe Teil III.

Wenn Sie als Dienstleister oder Freiberufler vorwiegend Dienstleistungen anbieten, ist das in den meisten Fällen der Art Ihres Geschäfts geschuldet. Trotzdem sollten Sie sich überlegen, zusätzlich zu Ihrer Dienstleistung Produkte zu generieren. Die Produkte müssen Ihrer Unternehmenslinie folgen, und sie können sich wunderbar als Zusatzverkauf anbieten. Mit manchem, wie beispielsweise Büchern, E-Books und Hörbüchern, können Sie aber auch Ihren Bekanntheitsgrad erheblich steigern. Ihr Kunde wird sich wohl eher für jemanden entscheiden, dessen Expertise durch ein Buch greifbar ist. Ein Teil Ihrer Dienstleistungen wird sich vielleicht auch standardisieren lassen. So können Sie auf Ihrem Weg nach oben Ihre alten Dienstleistungen als Produkte verkaufen und gleichzeitig zur Akquise nutzen, während Sie mit Ihrer Dienstleistung bereits das nächsthöhere Niveau erreicht haben. Ein anderes Beispiel: Einer meiner Kunden bemerkte, dass bei einem Teil seiner Dienstleistungen im Wesentlichen eine Grunddienstleistung mit zwei aufeinander aufbauenden „Upgrades" gewünscht wurde. Daraus haben wir drei Produkte generiert. Nennen wir sie Basic, Plus und Professional. Da sich mein Kunde dazu entschlossen hatte, nur noch diese drei Varianten anzubieten, konnte er einen Großteil seiner Vorarbeiten standardisieren. Somit spart er jetzt extrem viel Zeit und kann mehr Kunden betreuen als zuvor. Dass sich das positiv auf sein Geschäft auswirkt, versteht sich von selbst. Er macht mehr Umsatz in weniger Zeit und kann sich um die Weiterentwicklung seines Geschäfts kümmern. Außerdem verdient er mehr Geld bei weniger Zeitaufwand.

Ein weiterer Vorteil in der Vermarktung Ihrer Zusatzprodukte liegt darin, dass diese auch Umsatz lukrieren, wenn Sie es gerade nicht tun. Wenn Sie Ihr Fachbuch im Buchhandel vertreiben lassen, generieren Sie dadurch passives Einkommen.

Ich habe dem Thema „Aus Dienstleistungen Produkte generieren" den Teil III dieses Buches gewidmet. Ich wollte Sie jedoch gleich anfangs mit diesem Gedanken vertraut machen. Vielleicht haben Sie schon die ersten Ideen?

Tipp: Schaffen Sie Synergien bei der Gestaltung Ihrer Dienstleistungen und Produkte. Ihre Kerndienstleistungen können von Produkten und einigen ausgewählten weiteren Dienstleistungen begleitet werden. Diese müssen für Ihre Kunden eindeutig erkennbare Zusatznutzen aufweisen, die mit der Kerndienstleistung verbunden sind. Durch diesen Verbundeffekt können Sie bei überschaubarem Aufwand einen erheblich höheren Umsatz erzielen.

Achtung: Mehr dazu erfahren Sie in Teil III dieses Buches (M&S-PRODUKTE).

Vorbereitendes Marketing – Ihr persönlicher Marketingmix

Persönlicher Dienstleister – Ihre Person steht im Vordergrund

Lieber Leser, ich kenne Ihr Geschäft (noch) nicht. Ich kann Ihnen jedoch zwei Dinge versichern, die aus meiner Sicht absolute Gültigkeit für Selbstständige, Freiberufler und frisch gebackene Unternehmer haben, die persönliche Dienstleistungen anbieten:

- Ihr Geschäft funktioniert nicht ohne klassisches Marketing und Verkauf bzw. Vertrieb.
- Ihr Geschäft wächst nicht ohne Online-Marketing.

Dieser Abschnitt behandelt in einem kurzen Abriss, was sie in Sachen Marketing, Online-Marketing, Positionierung etc. beachten müssen. Bitte verstehen Sie diese Dinge als Denkanstoß. Dieses Buch widmet sich maßgeblich dem Verkauf, jedoch sind Ihre Verkaufsbemühungen müßig, wenn Sie sich keine geeignete Marketingstrategie überlegen. Also stellen Sie sich folgende Fragen und versuchen Sie sie zu beantworten:

- Wie bin ich mit meinem Marketingauftritt authentisch?

_____

- Wer sind meine potenziellen Kunden?

_____

- Was kann der Kunde bei mir kaufen?

_____

- Welchen Nutzen (und Zusatznutzen) bietet meine Dienstleistung?

_____

- Warum soll der Kunde gerade bei mir kaufen?

_____

- Welches Preisniveau biete ich an?

___

- Wie kommuniziere ich meine Leistungen an potenzielle Kunden?

___

- Welche Services, persönliche Betreuung und zusätzliche Ausstattungen kann ich im Rahmen meiner Dienstleistung anbieten?

___

Homepage

Im Laufe meiner Karriere musste ich häufig feststellen, dass viele Freiberufler und Selbstständige überhaupt keine Ahnung haben, wie sie ihre Angebote vermarkten sollen. Besonders augenscheinlich wird das bei den Homepages. Zwar sind nahezu alle mittlerweile darin einig, dass sie eine Homepage brauchen, denn „jeder hat das heute". Ich kann Ihnen versichern: nicht erst heute. Manche meiner Klienten haben entsprechende Unternehmen gebucht und sich aufwendige Seiten bauen lassen, ohne genau zu wissen, was sie wollen und brauchen. Andere wiederum haben zum Diskontpreis einen Bekannten, Schüler oder Studenten gebucht und eine Sparversion erhalten. Einige wenige haben auch versucht, eine Homepage selbst zu bauen, und das ist leider nahezu ausnahmslos schiefgegangen.
Wenn die EDV nicht Ihr Gewerbe ist, lassen Sie das bitte und beauftragen Sie einen Profi. Sie machen auch den Jahresabschluss nicht selbst, sondern beauftragen Ihren Steuerberater. Warum machen Sie das? Ganz einfach: Sie buchen ihn in der Hoffnung, Geld zu sparen. Natürlich erhält er sein Honorar, und sein Fachwissen erspart Ihnen hoffentlich Unannehmlichkeiten mit der Finanz, aber der wahre Grund ist, dass Sie nicht zu viel Steuer bezahlen wollen. Im Marketing läuft das genau umgekehrt. Sie geben Ihr Geld nicht aus, um welches zu sparen, sondern um mehr zu verdienen. Wenn Sie diese

Investition nicht tätigen, werden Sie auch nichts verdienen. Ihre Homepage ist aus meiner Sicht Ihr erstes sichtbares Marketinginstrument. Die meisten Homepages, die ich mir so nach und nach angeschaut habe, sind leider schlecht, auch wenn sie optisch ansprechend sind. Es gibt fünf Grundanforderungen, die eine Homepage erfüllen muss.

1. Ihr Kunde muss auf dieser Homepage etwas kaufen können.
2. Ihre Homepage muss ein überzeugendes Bild Ihrer Person und Ihrer Tätigkeit vermitteln.
3. Sie muss sich optisch sowohl am Handy als auch am PC einwandfrei und schnell präsentieren.
4. Ihre Seite muss „suchmaschinenfreundlich" optimiert sein, um im Google-Meer nicht unterzugehen.
5. Sie braucht ständige Pflege und neue fachliche Inputs.

Erfüllt Ihre Seite diese fünf Kriterien, so haben Sie eine ordentliche elektronische „Visitenkarte". Sie kennen doch sicher den Spruch: „Der erste Eindruck zählt!" Den bekommt Ihr Kunde von Ihnen über Ihre Homepage. Wenn jemand nach einem Dienstleister sucht, dann sucht er im Netz. Wenn Sie und Ihre Leistungen hier nicht ansprechend rüberkommen, dann verkauft jemand anders. Ein Neukunde kann Ihre beruflichen Qualitäten noch gar nicht beurteilen. Er beurteilt lediglich, was Sie von sich zeigen. Nur dadurch entscheidet sich, ob Sie ihn erfolgreich akquiriert haben und ob er mit Ihnen in Kontakt tritt.

Suchmaschinenoptimierung (SEO)

Wenn ein Kunde Sie bereits kennt, weil Sie ihn analog von sich überzeugt haben, wird er in den meisten Fällen wohl auch mal auf Ihre Homepage schauen. Wenn ihm gefällt, was er sieht, wird das den Eindruck über Sie nur bestärken.
Wie sieht das aber mit Neukunden aus, mit denen Sie noch nie Kontakt hatten und die im Internet nach Lösungen ihrer Probleme suchen?
Damit Sie so ein Neukunde überhaupt finden kann, muss die Suchmaschine Ihre Homepage erst einmal vorreihen. Dies erreichen Profis mit Schlagwörtern, Textaufbau etc. Das bedeutet, bevor Ihr Neukunde sich überhaupt für Sie entscheiden kann, muss die Suchmaschine sich für Ihre Homepage entscheiden. Sie haben also, sehr laienhaft ausgedrückt, den „Geschmack" der

Suchmaschine und den Geschmack des Kunden zu treffen. Aber Achtung: Sollten Sie glauben, die Maschine „austricksen" zu können, werden Sie von der Maschine zurückgereiht.
Ich bin Verkäufer, ich liebe es, mit Menschen zu arbeiten, nicht mit Maschinen. Mache ich darum meine Suchmaschinenoptimierung selbst? Ganz bestimmt nicht. Ich selbst arbeite mit Partnerunternehmen, die wirklich Profis für SEO sind, und mache das nicht selbst.
Ich will Ihnen damit sagen, dass Sie für diese Technologien Profis brauchen, die Geld kosten. Sie profitieren dann von Ihrer Sichtbarkeit auf dem Markt und können dadurch Kunden generieren, die Sie sonst nie bekommen hätten. Außerdem können Sie, sofern Ihre Dienstleistungen und Produkte dies zulassen, online arbeiten.
Gerade durch die Lockdowns während der Coronakrise ist die Bereitschaft der Kunden, auf Online-Services umzusteigen, enorm gestiegen. Insbesondere in meinem Bereich – dem Angebot von Schulungen, Seminaren und Coachings – wächst die Nachfrage nach Online-Wissen rapide. Ich glaube zwar nicht, dass dadurch Präsenzseminare – vor allem nicht im hochpreisigen Sektor – völlig verdrängt werden, aber die Bereitschaft der Kunden steigt. Sie können, genauso wie ich, von dieser Entwicklung profitieren. Ein Kunde, der beispielsweise in Hamburg sitzt, wäre sonst nicht zu mir auf ein Seminar nach Wien gekommen. Bei einem Online-Angebot müssen sich beide Seiten nur bis zu ihrem Schreibtisch bewegen.

Tipp: Überlegen Sie für sich, welche Ihrer Produkte und Dienstleistungen sich besonders gut für die Online-Vermarktung eignen. Ein kompetenter Unternehmensberater wie ich unterstützt Sie gerne bei diesem Prozess.

Social-Media-Marketing

Haben Sie schon eine Facebook-Seite? Einen Instagram-Account? Ein … ? Hier gilt dasselbe wie bei der SEO-Optimierung: Sie kommen nicht darum herum. Meine Frau, die gleichzeitig meine Geschäftspartnerin ist, und ich haben in diesem Bereich selbst unsere ersten Gehversuche gemacht und haben festgestellt, dass das alles gar nicht so einfach ist. Vor allem ist es wirklich zeitraubend. Uns beide interessieren diese Thematiken sehr. Wir sind uns bewusst, dass wir durch das Umsetzen zwar besser werden, aber dennoch bei Weitem keinen Profistatus in diesem Bereich für uns beanspruchen können. Darum haben wir uns auch in diesem Bereich für professionelle Hilfe entschieden.

Wir haben jedoch eine sehr wichtige Lehre aus unseren ersten Gehversuchen gezogen. An diesen Erkenntnissen möchten wir Sie teilhaben lassen. Wir mussten leider feststellen, dass in diesem Bereich viel versprochen, aber oft wenig gehalten wird. Wie können Sie feststellen, ob Sie übervorteilt werden? Leider nur, indem Sie sich selbst damit beschäftigen. Sie müssen wissen, welches Ziel die Kampagne erreichen soll. Wie hoch sind Ihre Budgets? Wie weit liegen die Angebote preislich auseinander und sind sie inhaltlich vergleichbar? Inhaltliche Vergleichbarkeit stellt sich für Sie sehr schwierig dar, wenn Sie absolut keine Ahnung haben. Je mehr Sie sich damit beschäftigen und in der Anfangsphase Ihrer Selbstständigkeit herumexperimentieren, umso mehr werden Sie wissen und lernen. Sollten Sie den Schritt zum Unternehmer schaffen, was ich Ihnen wirklich gönne, werden Sie nicht darum herumkommen, sich mit diesen Dingen eingehend selbst zu beschäftigen, sehr wahrscheinlich werden Sie sogar kompetente Mitarbeiter einstellen, um dieses Aufgabenfeld zu bewerkstelligen.

Tipp: Beschäftigen Sie sich mit den neuen Technologien. Sie können bei richtiger Anwendung sehr großes Wachstum für Ihr Unternehmen generieren.

Experimentieren Sie zu Beginn Ihrer Tätigkeit je nach Budgets selbst herum, um erste Erfahrungen zu sammeln.

Je professioneller Ihr Geschäft wird, umso professioneller muss auch Ihr Online-Auftritt sein.

Stellen Sie sicher, dass Sie entsprechende Budgetmittel dafür frei haben. Kampagnen und SEO-Optimierung kosten Geld.

„Analoges" Marketing

Die Methoden hierfür sind nahezu unerschöpflich. Ihre beste und günstigste Methode ist der zufriedene Kunde – jemand, der Sie weiterempfiehlt (gilt ebenso für Bewertungen und positive Kommentare online). Dieser Kunde beweist Ihren Interessenten, dass Sie Ihre Versprechen halten. Diesen Status müssen Sie jedoch erst erlangen, vor allem wenn Sie noch keine Kunden haben. Die meisten Freiberufler und frischgebackenen Selbstständigen star-

ten ihr Geschäft regional sehr beschränkt. Das ist aus Gründen der Bearbeitbarkeit von Kundenaufträgen und wegen beschränkter Budgets mehr als verständlich. Ich habe jedoch bewusst den Online-Teil vor den analogen gestellt. Ich will Sie bereits jetzt dazu einladen, Ihr Geschäft größer zu denken. Ich will Sie dabei begleiten, Schritt Nummer eins auszuführen und währenddessen schon Schritt Nummer zwei zu planen. Wenn Sie dann Schritt Nummer zwei ausführen, wünsche ich mir für Sie, dass Sie bereits Schritt Nummer drei planen, um so ständig sich selbst und Ihr Geschäft weiterzuentwickeln.
Ich sehe das als sehr individuellen Teil. Denn der Mix der Marketing-Tools muss auf Ihr Geschäft und auf die Gegebenheiten Ihrer Startregion maßgeschneidert werden. Wenn Sie Ihr Business starten, wird das in vielen Fällen als Einpersonenunternehmen sein. Das heißt, Sie werden sowohl Ihr persönlicher Marketer als auch Verkaufsleiter sein. Seien Sie sich dessen bewusst und machen Sie sich fit für diesen Prozess.

Die Mischung macht es.

Mir ist bewusst, dass Sie all diese Dinge nicht auf einmal und schon gar nicht ab dem ersten Moment voll und ganz zufriedenstellend umsetzen können. Es ist die Mischung, der Marketing-Mix, der zählt. Je regionaler Ihr Unternehmen ist, umso eher werden Sie mit analogem Marketing losstarten können. Vielleicht haben Sie schon einen gewissen Bekanntheitsgrad in Ihrem potenziellen wirtschaftlichen Umfeld, vielleicht sogar erste Kunden. Wenn Sie gut arbeiten, wird sich das zwar schnell herumsprechen, jedoch wird Ihr Wachstum ohne Online-Marketing schnell sehr beschränkt sein. Darum empfehle ich Ihnen: Seien Sie mit Ihren Marketingmaßnahmen immer einen Schritt vor Ihrem derzeitigen Geschäft. Das bedeutet, wenn Sie zwar volle Auftragsbücher haben, aber schon Ihren nächsten Spezialisierungsschritt planen, dann bewerben Sie diesen umgehend und versuchen Sie, die neue, höherpreisige Zielgruppe zu erreichen. Sie bleiben dadurch im Cashflow und haben außerdem die Möglichkeit, Ihr Geschäft aus einer gesicherten ökonomischen Position heraus weiterzuentwickeln. Ich wünsche Ihnen viel Spaß und Erfolg dabei.

Für echte Macher: Ich biete zum Themenbereich Vision, Ziele setzen, Positionierung und Marketingstrategie ein eigenes Online-Coaching an. Mit nur 10 Terminen unterstütze ich Sie bei der Strukturierung und Umsetzung Ihrer Vision in die Realität und helfe Ihnen bei der Positionierung ihrer Dienstleistung. Weitere Informationen finden Sie auf www.egger-training.at

TEIL II: VERKAUF

Fit für Vertrieb!

Lieber Leser, alles, was Sie im Vertrieb Ihrer Dienstleistungen zu beachten haben, sind folgende vier Punkte:

1. Verkaufen Sie nicht unter Ihren Kosten, denn Sie leben vom Gewinn und nicht vom Umsatz.
2. Arbeiten Sie ständig daran, das Vertrauen Ihres Kunden zu gewinnen, und er wird kaufen.
3. Beweisen Sie ihm nach dem Abschluss, dass Sie seines Vertrauens 100 Prozent würdig sind.
4. Kümmern Sie sich um Ihren Kunden, und er wird immer wieder bei Ihnen kaufen.

Das war es schon. So einfach ist es. Wenn Sie das können, können Sie loslegen und verkaufen – meine Gratulation! Der Rest dieses Buchs beschäftigt sich damit, wie Sie diese vier Punkte auch in der Praxis umsetzen können. Ich erläutere Ihnen, welche Grundvoraussetzungen notwendig sind und welche Fähigkeiten Sie entwickeln und ständig verbessern müssen. Aus meiner Sicht gibt es nicht die ultimative Verkaufsmethode, aber es gibt Methoden, Ansätze und Zugänge, die zu Ihnen passen. Sie sind der Mittelpunkt, denn Sie erbringen Ihre Dienstleistung persönlich. Es gibt nicht die eine richtige Methode, aber es gibt den richtigen Verkaufsstil für Sie ganz persönlich. Bei der Suche und Entwicklung dieses persönlichen Stils ist dieses Buch Ihr Weggefährte.

In diesem Buch sind immer wieder kleine Übungen oder Fragen, die Sie beantworten sollen, enthalten. Ich glaube an die Macht des Schreibens. Handschriftliche Notizen haben einen viel längeren Nachhall als bloße Gedanken. Notizen können wir uns immer wieder ins Gedächtnis rufen, während Gedanken oftmals unwiederbringlich verloren gehen. Ob Sie diese Übungen immer machen oder nicht, ist Ihre Sache. Das soll davon abhängen, ob Sie diese gerade als nützlich empfinden oder eben nicht. Ich empfehle Ihnen aber: Machen Sie sich Notizen, fangen Sie die Gedanken ein, die beim Lesen kommen, markieren Sie Stellen im Buch, die Sie besonders ansprechen. Dieses Buch soll Ihnen Ihre Arbeit erleichtern. Also sehen Sie es auch als das, was es ist, als Arbeitsbuch.

Persönliche Voraussetzungen

„Für Verkauf muss ich doch ein Talent haben. Oder?"
Ich meine: „Oder!" Sie können alles lernen, wenn Sie nur wollen. Wenn Sie der Meinung sind, dass Sie als Selbstständiger eine tolle Dienstleistung anbieten können, dann los. Machen Sie es aber mit jeder Konsequenz und mit Ihrer ganzen Leidenschaft!
Ich bin der Meinung, verkaufen kann jeder, aber es sollte nicht jeder machen. Es gibt drei Faktoren, die über Ihren Erfolg entscheiden. Das sind Ihre Einstellung zum Vertrieb, Ihre Selbstdisziplin, auch schwierige Situationen meistern zu wollen, und Ihr „Können" im Umgang mit dem Kunden. Ich meine damit einfach die rhetorischen und persönlichen Fertigkeiten, die Sie bereits mitbringen. Diese erleichtern Ihnen den Start ungemein, und ich empfehle Ihnen, immer weiter an diesen „Skills" zu arbeiten. Ich wehre mich dagegen, es „Talent" zu nennen, denn Talent können wir nicht messen. Ich weiß nicht, welcher Anteil Ihrer Argumentationsfähigkeiten Talent sind und wie viel Sie sich durch harte Arbeit und den Besuch vieler Seminare erarbeitet haben. Ich bin aber der Überzeugung, dass jeder das Verkaufen erlernen kann, da Fleiß aus meiner Sicht über Talent siegt. Im Optimalfall bringen Sie beides mit und werden dadurch überdurchschnittlich erfolgreich.
Bei einer meiner Seminarbeschreibungen formuliere ich die rhetorische Frage: „Steckt in jedem ein Verkaufstalent?" Ich beantworte diese Frage so: „Ja, man muss es nur rauslassen!" Was meine ich damit? Wenn Sie sich konsequent einreden und vor allem auch einreden lassen, dass Sie etwas nicht können, dann werden Sie recht behalten. Umgekehrt können Sie nur gewinnen, wenn Sie diese Glaubenssätze über Bord werfen und sich konsequent an die Arbeit machen.

Tipp: Achten Sie bei Ihren Kunden auf deren Glaubenssätze. Sie erfahren dadurch sehr viel über sie. Es fallen in jedem Verkaufsgespräch Sätze wie: Ich habe kein Gefühl für Farben; ich kann mir das räumlich nicht vorstellen; im Schätzen bin ich ganz schlecht ... In diesen Fällen sucht der Kunde Ihre Hilfe. Hier sind Sie gefragt, aktive Unterstützung zu geben und die (vermeintlichen) Mängel im Können auszugleichen. Helfen Sie bei der räumlichen Vorstellung, rechnen Sie dem Kunden die Kostenaufstellung vor ... So bauen Sie Vertrauen auf. Ihr Kunde hat Probleme, Sie bieten Unterstützung bei der Lösung.

Zu Beginn beschäftigen wir uns mit der Entwicklung Ihrer Verkäuferpersönlichkeit.
Dann geht es darum, wie Sie ganz individuell mit den 7 Schritten des Verkaufs erfolgreich sein können. Ich bin nicht der Meinung, dass es eine einzige richtige Methode gibt, mit der Sie verkaufen können. Ich bin der festen Überzeugung, dass Sie Ihre Methode für Sich finden müssen. Sie muss zu Ihnen passen, Sie müssen sich mit ihr wohlfühlen. Mein Buch wird Sie bei dieser Suche begleiten und unterstützen. Der Verkaufsprozess besteht aus sieben Schritten. Sie bekommen bei jedem Schritt die Informationen, was passiert und was zu tun ist. Sie entscheiden jedoch für sich, wie Sie das Ganze angehen.

Darf ich mich auf den Kunden loslassen? Persönliche Grundvoraussetzungen für erfolgreichen Kundenkontakt

Jetzt geht es um Ihre Einstellung:
- Wenn Sie einfach nur das schnelle Geld machen wollen, ohne wirklich auf Ihre Kunden eingehen zu müssen,
- wenn es Ihnen egal ist, ob Sie die optimale Lösung für Ihren Kunden gefunden haben, weil es Ihnen schlicht nur um Ihren Vorteil geht,
- wenn Sie die Menschen, die zu Ihnen kommen, schlicht als lästig empfinden,

dann sind Sie aus meiner Sicht in der Dienstleistungsbranche falsch. Ich bitte Sie: Lassen Sie es einfach, denn es gibt schon mehr als genug Marktteilnehmer mit schlechtem Preis-Leistungs-Verhältnis. Wenn dies nicht der Fall ist und Sie mit vollem Enthusiasmus mit Menschen arbeiten wollen, dann lassen Sie es uns angehen.
Vorab ein paar prinzipielle Gedanken. Der Vertrieb allgemein ist heute ein sehr ehrliches Geschäft. Unsere Welt ist transparent geworden. Vor dreißig Jahren hat sich der unzufriedene Kunde bei seinen Freunden, Nachbarn, Verwandten oder am Stammtisch beklagt, wenn er sich übervorteilt oder schlecht beraten fühlte. Heute macht er seinem Ärger in den sozialen Medien Luft und schafft es so, Hunderte, vielleicht sogar Tausende potenzielle Kunden von Ihrer Fehlleistung zu informieren. Denn er wird Sie dafür verantwortlich machen. Sie sind der Leistungserbringer, der Verkäufer und die Reklamationsabteilung in einer Person. Es muss Ihnen klar sein, dass Sie mit

dem Kunden nach einer optimalen Lösung für ihn suchen, das ist Vertrieb. Wenn Sie diese Lösung nicht anbieten können, dann sagen Sie ihm das. Alles andere wird wie ein Bumerang zurückkommen.

Tipp: Versetzen Sie sich stets in die Lage Ihres Kunden und erfragen Sie, was genau er will und was er sich von Ihrer Dienstleistung erwartet. In vielen Fällen werden Sie ihm eine bessere Lösung präsentieren. Der Kunde will keinen „Verkäufer" vor sich haben. Er will bei seiner Kaufentscheidung beraten und unterstützt werden. Das ist ein riesiger Unterschied und weist Ihnen als Verkäufer eine völlig andere Rolle zu.

Der Grund hierfür sind die unbegrenzten Informationsmöglichkeiten, die das Internet bietet. Hatte der klassische Vertreter, Unternehmer oder Selbstständige von vor dreißig Jahren noch einen Informationsvorsprung vor seinem Kunden, so kann der interessierte Kunde diesen Vorsprung heute bereits ausgleichen, bevor er auf Sie zukommt. Das kann sich positiv wie negativ auswirken. Durch die Vorinformation weiß der Interessent in vielen Fällen schon ungefähr, was er will, und das Verkaufsgespräch dient vielleicht nur mehr der Feinabstimmung. Gleichzeitig kann es für Sie als Verkäufer einer Dienstleistung fatal werden, wenn Sie nicht auf dem letzten Stand sind. Dann hat der Kunde einen Wissensvorsprung, und das geht für Sie sicherlich nicht gut aus. Erinnern Sie sich noch an das BIG-BANG-TETRAEDER? Arbeiten Sie ständig an Ihrer Expertise und bleiben Sie mit Ihrem Wissen und Ihren Fähigkeiten stets am Puls Ihrer Zielgruppe!

Tipp: Wenn Sie eine Dienstleistung verkaufen wollen, dann müssen Sie zu 100 Prozent von dieser überzeugt sein. Sie müssen sich mit ihr identifizieren, und Sie müssen in Ihrem Bereich Experte sein. Sie müssen, denn schließlich ist noch kein Meister vom Himmel gefallen, zumindest danach streben und versuchen, sich so schnell wie möglich ein Maximum an Wissen anzueignen. Wenn Sie nicht bereit sind, sich diesen Aufwand anzutun, werden Sie nie zu den Top-Leuten Ihrer Branche zählen. Nur wer wirklich für seine Dienstleistung brennt und seine Arbeit liebt, weil er von dem, was er verkauft, überzeugt ist, wird auch seine Kunden überzeugen.

Ganz ehrlich: Haben Sie gern mit Menschen zu tun? Ich für meinen Teil kann das behaupten. Ich arbeite extrem gern mit anderen Menschen zusammen.

Ich bin Unternehmensberater für Marketing und Vertrieb und habe mich auf persönliche Dienstleister spezialisiert. Ich halte bis zu 200 Seminartage, Vertriebscoachings und Einzeltrainings im Jahr ab. Gerne gehe ich auf die Fragen und Anregungen der Menschen um mich herum ein und versuche dabei, für jeden einen Mehrwert zu produzieren. Warum? Ganz einfach, weil mir die Arbeit mit Menschen wirklich Spaß macht und ich mit Menschen zusammenarbeite, denen es genauso geht.

Habe ich gerne mit jedem einzelnen Menschen zu tun, der mir so begegnet? Ganz ehrlich: Es gibt Menschen, die sehen wir, und wir verstehen uns auf Anhieb, und mit anderen ist es etwas schwieriger. In Ihrer Rolle als Verkäufer müssen Sie versuchen, für jeden Ihrer Kunden die beste Lösung zu finden, egal ob Sie sie oder ihn auf Anhieb sympathisch finden oder nicht. Der positive Effekt mit den sogenannten „schwierigen Kunden" ist, dass Sie dank ihnen sehr viel über den Umgang mit Menschen lernen können. Je mehr Lektionen Sie absolviert haben, umso weniger schwierig werden sie Ihnen vorkommen.

Tipp: Gehen Sie mit einer positiven Grundeinstellung auf alle Menschen zu. Versuchen Sie, Ihr Gegenüber nicht über sein Äußeres zu kategorisieren. Stecken Sie Ihre Interessenten in keine Schubladen nur, weil sie jemandem ähnlich sehen, den Sie besonders gut oder schlecht leiden können. Bleiben Sie offen und machen Sie das Beste aus jeder Verkaufssituation. Ihr Ziel heißt „Abschluss" und nicht „Zeig jemandem die kalte Schulter, der dem ehemaligen Mathelehrer ein kleines bisschen ähnlich sieht".

Zusammenfassend müssen Sie an dieser Stelle folgende Fragen für sich beantworten:

- Wollen Sie gerne mit Menschen arbeiten?
- Sind Sie bereit, für Ihre Kunden die optimale Lösung zu suchen, auch wenn sie auf den ersten Blick nicht die optimale für Sie als Verkäufer ist?
- Sind Sie bereit, stets an Ihren Fähigkeiten zu arbeiten und diese laufend zu verbessern?

Wenn Sie diese drei Fragen mit einem Ja beantworten können, dann haben Sie die richtige Grundvoraussetzung, um mit Ihrer Dienstleistung Fuß zu fassen. Das ist noch keine Garantie, dass Sie erfolgreich sein werden, aber Sie haben die Eintrittskarte. Wie Sie Ihre Erfolgschancen stets weiter verbessern können, erfahren Sie im Anschluss.

Meine Dienstleistung und ich

Haben Sie eine oder mehrere Dienstleistungen, die Sie vertreiben können? Es hilft Ihnen nichts, ganz heiß auf Vertrieb zu sein, ohne eine marktreife Dienstleistung zu haben.
Haben Sie etwas gefunden, bei dem Sie sagen: Ja, das ist es, das ist so toll, das will ich anbieten und verkaufen? Für mich ist es das Knock-out-Kriterium schlechthin. Dienstleistungen, von denen ich nicht überzeugt bin, verkaufe ich nicht. Sie können jetzt meinen: Ach, das ist doch nur eine romantische Schwärmerei, eine Art „Optimalvorstellung", die er hier von sich gibt. Nein, weit gefehlt. Wenn Sie so wollen, ist das meine Verkaufsmethode.
Angenommen, Sie sind mein Kunde und ich erzähle Ihnen von meinem neuen Seminar, von dessen Qualität ich restlos überzeugt bin, ohne jeden Vorbehalt. Welche Wirkung werde ich wohl auf Sie haben? Werde ich überzeugend sein? Werde ich Sie mitreißen? Werde ich Ihr Interesse wecken?
Es geht gar nicht anders. Menschen, die von etwas echt überzeugt und begeistert sind, sind ansteckend. In einem sehr positiven Sinn. Es macht Freude, mit solchen Menschen zu arbeiten, und niemand ist überzeugender als sie.

Die einzige Frage, die sich hier an dieser Stelle stellt:
- Haben Sie eine Dienstleistung anzubieten, von der Sie wirklich überzeugt sind?

Wenn Sie das bejahen können, meine Gratulation. Wenn nicht, dann lassen Sie sich inspirieren und finden Sie etwas, was Sie richtig, richtig gerne machen. Diese Suche kann ich Ihnen nicht abnehmen. Sie müssen selbst wissen, was Ihnen liegt und was Sie gerne tun, sodass Sie auch andere davon begeistern können. Vielleicht kann Sie die nachfolgende kurze Geschichte inspirieren. Sie ist mir tatsächlich so passiert.

Fokussieren Sie sich! Es ist die Marke, die zählt!

Kürzlich hat mir ein sehr lieber Kollege ein durchaus interessantes Angebot gemacht. Er wollte mich langfristig für ein Seminarprodukt buchen, in dem ich mit den unterschiedlichsten Berufen die unterschiedlichsten Dinge auf einheitlich niedrigem Level machen sollte. Das Ganze war gut dotiert und würde jede Menge Auslastung bringen. Ich war gerade im Auto, als er mich anrief. Ich redete nicht lange um den heißen Brei herum und sagte ihm, dass ich nur für das Thema Verkauf zur Verfügung stünde. Das Gespräch war kurz; ich glaube, er war ein wenig überrascht, denn alle machen das eine oder das andere hier und da, um ihre Auftragsbücher vollzukriegen. Ich aber sage Ihnen: Fokussieren Sie sich! Jeden potenziellen Kundenauftrag anzunehmen bringt zwar Umsatz, aber keinen Gewinn! Es ist die Marke, die zählt!

Entscheiden Sie sich für eine Sache,
- a) die Sie richtig gerne machen,
- b) die Sie richtig gut können (oder zu erlernen bereit sind).
- c) Konzentrieren Sie sich darauf und nur darauf.
- d) Versuchen Sie, täglich besser zu werden, und bilden Sie sich laufend in diesem Bereich weiter.
- e) Gratulation! Sie brauchen nie mehr zu verkaufen, Sie sind zur Marke geworden. Denn: Wer wirklich konsequent an einer Sache arbeitet, kann damit nur erfolgreich sein.

P.S.: Ich verkaufe Verkauf, und weil ich das wirklich gerne mache und gut kann, brauche ich nie mehr zu verkaufen – irgendwie witzig!

Ich will Ihnen damit zwei Dinge sagen:
- Arbeiten Sie in einem Bereich, der Ihnen wirklich Spaß macht. Ihr Leben ist zu kurz und zu kostbar, um mit irgendetwas Durchschnittlichem Ihre Zeit zu verschwenden.
- Fokussieren Sie sich auf eine Sache. Machen Sie nicht dies, das und das auch noch. Um erfolgreich zu sein, müssen Sie von Ihren Kunden als Experte wahrgenommen werden und nicht als „fliegender Händler mit Waren aller Art".

Wie setzen Sie Ziele?

Meine Frau und ich haben für uns entschieden, was wir beruflich und geschäftlich erreichen wollen. Wir sind dafür gedanklich in die Zukunft gegangen und haben uns überlegt, was wir am Ende unserer Geschäftstätigkeit alles erreicht haben wollen. Manche Dinge sind hier vielleicht noch utopisch,

manche werden es vielleicht auch bleiben. Aber das wirklich Wichtige ist: Wir haben eine Vision. Von dieser leiten wir unsere Ziele ab.
Ich für meinen Teil gehe dabei wie folgt vor. Meine Frau und ich definieren jedes Jahr kurz vor Silvester unsere Ziele. Ich meine damit bewusst Ziele, keine Wünsche und keine Vorsätze. Was unterscheidet ein Ziel von den letzteren beiden?

Ein Ziel muss aus meiner Sicht folgende Kriterien erfüllen:
a) Bringt es mich meiner Vision näher? Wenn das nicht der Fall ist, verwerfen Sie es sofort.
b) Erachten Sie es als möglich, dass Sie es erreichen? Wenn es zu groß ist, dann zerlegen Sie es in mehrere kleinere Teile.
c) Kann ich einen Termin festlegen, bis wann ich es erreicht habe? Oder muss ich beispielsweise auf den Eintritt eines Ereignisses hoffen, wie etwa die sechs Richtigen im Lotto?
d) Kann ich das Erreichen meines Ziels effektiv kontrollieren? Bei unserem Thema Vertrieb wohl am besten in Euro. Aber auch andere Messlatten sind erlaubt, wie vermietete Flächen in Quadratmetern, betreute Kunden …
e) Erlaubt Ihnen Ihr Ziel noch Ausreden bzw. Alternativen oder haben Sie es so gesetzt, dass es hier keine Ausweichmöglichkeiten gibt. Sie sollten Ihre Ziele hier genau spezifizieren. Z.B.: Wieviel Umsatz mit wie viel neuen Kunden und bei welcher Umsatzrentabilität?
f) Bin ich mit meinen gesetzten Zielen zufrieden und bringe ich sie zeitlich in meinem Alltag unter? Hier müssen Sie daran denken, dass Ihr Tagesgeschäft Zeit benötigt, aber auch Ihre Familie und Ihre Freunde benötigen Zeit. Unterstützen diese Ihre Ziele oder kommt aus dieser Richtung Widerstand?

Wenn ich einmal groß bin, dann möchte ich … Dies ist also definitiv kein Ziel, sondern vielleicht ein Wunsch.
Hierzu noch ein paar Worte. Meine Frau und ich haben uns dieses Jahr in Summe 54 Ziele gesetzt, die teilweise von ihr, teilweise von uns und teilweise von mir zu erreichen sind. Sie sind unserer Lebensweise geschuldet, die von unserer Vision für unser Leben abhängig ist. Das bedeutet, wir haben ganz klare Vorstellungen, was wir im Leben erreichen wollen. Gemeint ist nicht, was wir möchten, was wir gerne hätten, was nett wäre, was uns gefal-

len würde. Nein, wir leben als Selbstständige selbstgesteuert und formulieren, was wir erreichen wollen. Wenn wir uns darüber im Klaren sind, ist es für uns selbstverständlich, dass wir an diesen Dingen arbeiten.

> Schritt 1: Formulieren Sie Ihre Vertriebsziele für das Jahr 20xx: Was passiert im Jahr 20xx?
> Schritt 2: Teilen Sie Ihre Vertriebsziele den einzelnen Kalendermonaten zu – wann, wie lange oder bis wann passiert etwas?
> Schritt 3: Teilen Sie Ihre Monatsziele auf die Tage und/oder Wochen des Monats auf. – Was machen Sie konkret heute, um Ihre Ziele zu erreichen?
> Schritt 4: Erfolgskontrolle – habe ich meine Ziele für diesen Monat erreicht, übertroffen oder hinke ich hinterher?
> Schritt 5: Während Sie an Ihren Zielen arbeiten, stößt Ihnen das Leben zu. Bleiben Sie so weit flexibel, dass Sie Ziele ändern, ergänzen oder streichen können, wenn diese durch Umstände zunichte gemacht werden, die Sie nicht steuern können. Achtung: Faulheit gehört nicht zu den nichtsteuerbaren Umständen. Sie müssen den „kleinen Wappler" im Griff haben, nicht er sie.

Ein Beispiel für ein Vertriebsziel: **Seminartage oder Beratungsdienstleistungen**
Ich verkaufe und halte im Jahr 20xx 150 Seminartage zum Thema Vertrieb zu einem Preis von durchschnittlich 2000 Euro.
Dieses Ziel ist terminiert (Jahr 20xx), es spezifizierbar, es ist messbar (150 Seminartage, durchschnittlich 2000 Euro). Ist es auch realistisch? Das können nur Sie beantworten. Wenn Sie im Jahr davor um lediglich 1000 Euro durchschnittlich verkauft haben, ist meine erste Frage, was da wohl passiert ist, dass Sie so einen Sprung erwarten. Wenn Sie letztes Jahr 100 Seminartage um durchschnittlich 2000 Euro verkauft und gehalten haben, halte ich das für ambitioniert, aber ich drücke Ihnen die Daumen und gönne Ihnen den Erfolg.
Ist Ihr Ziel akzeptiert? Das müssen Sie mit sich selbst und Ihrem Umfeld ausmachen. Was sagt Ihr Partner zu den geplanten Mehrverkäufen, die wohl auch mit mehr Arbeit verbunden sein werden? Wie reagiert Ihr berufliches Umfeld auf Ihre Pläne?
Mein letzter Ratschlag zu diesem Thema: Schreiben Sie Ihre Ziele und Pläne immer auf! Ich meine damit: handschriftlich. Kaufen Sie sich ein Notizbuch und tragen Sie es bei sich. Geschriebene Ziele wirken viel stärker nach als

bloße Vorsätze, die Sie in Gedanken formulieren. Geschriebenes schafft Verbindlichkeit, in diesem Fall einzig und allein uns selbst gegenüber. Wir denken über die Formulierung nach, aber auch darüber, ob das, was da steht, aus unserer heutigen Sicht realistisch ist. Gedanken können wir vergessen, aber wer schreibt, der bleibt! Tragen Sie stets einen Kalender und ein Notizbuch bei sich und gewöhnen Sie sich an, all Ihre Ziele und die einzelnen Schritte, um diese zu erreichen, darin einzutragen. Täglich schwarz auf weiß zu sehen, was zu tun ist, ist das beste Rezept, um den „kleinen Wappler" in Schach zu halten.

Notieren Sie hier alle Ihre Vertriebsziele, die Sie für das Jahr 20xx haben:
Meine Vertriebsziele für das Jahr 20xx:

_____

Erstellen Sie einen groben Zeitplan. Was passiert in welchem Monat? Wie viel Umsatz? ... (Anmerkung: Sie können so aus einem Grobziel noch viele weitere Feinziele machen. Wie weit Sie diese zergliedern, obliegt einzig und alleine Ihnen.)

_____

Sie werden merken, dass das sehr viel Arbeit macht und dass Sie sich sehr eingehend mit sich selbst und mit der Frage beschäftigen müssen, was Sie wirklich wollen. Seien Sie ehrlich zu sich selbst. Wer sich selbst belügt, macht sich nur unglücklich. Ich empfehle Ihnen, erst dann weiterzulesen, wenn Sie diese Aufgaben aus Ihrer Sicht zufriedenstellend erledigt haben.

Die To-do-Liste – was hat in meiner Arbeitswoche Platz?

Meine Gratulation. Sie haben jetzt Ihre Ziele für das laufende Jahr formuliert und die einzelnen Schritte so unterteilt, dass Sie wissen, was Sie in welchem Monat angehen werden und wie lange Sie für die Umsetzung Zeit haben. Bevor wir mit der Feinplanung beginnen, müssen Sie eines verstehen: Ihr Reichtum drückt sich in der Ihnen zur Verfügung stehenden Lebenszeit aus. Sie können Ihr Leben mit Tätigkeiten, die Sie nicht weiterbringen, und mit

Dingen, die Sie hassen, verschwenden, oder aber Sie arbeiten konstruktiv und gerne an einer Sache, die Ihnen Freude macht. Sie verdienen dadurch Geld. Sie verdienen Geld, weil Ihnen Ihre selbstständige und selbstbestimmte Arbeitsweise Freude macht. Nicht umgekehrt! Mit dem Geld, das Sie verdienen, können Sie sich bei vernünftiger Anlage und einer selbstgesteuerten und selbstkontrollierten Lebensweise ein wunderbares passives Einkommen schaffen. Dadurch können Sie in Ihrer Freizeit Ihren Hobbys, Ihren anderen Berufungen, schlicht, was auch immer Sie wollen, nachgehen.

So, zurück zur Feinplanung. Sie haben Ihre Monatsziele bzw. Ihre Aufgaben vorliegen, die Sie erledigen müssen, um Ihre zeitintensiveren Ziele zu erreichen. Jetzt entscheiden Sie, was in der kommenden Woche zu tun ist. Ich für meinen Teil mache das gerne am Sonntagabend. Ganz in Ruhe sitze ich an einem Tisch im Garten oder an meinem Schreibtisch. Mein Notizbuch mit den Monatszielen liegt vor mir, und ich überlege, welche Schritte ich diese Arbeitswoche setzen muss, damit ich sie erreiche.

Neben meinem Notizbuch liegt mein Kalender, und ich übertrage diese Aufgaben in meinen Kalender als „Wochenaufgaben". Sie stehen bei mir immer am Montag eingetragen, denn so sehe ich sie sofort, wenn ich meinen Wochenkalender öffne, und weiß, was ich zu tun habe. Ich trage nur Dinge ein, die diesen übergeordneten Zielen dienen, aber auch Dinge, die Sonderfälle darstellen. Dinge, die mir aus meinem Betrieb heraus selbstverständlich sind, finden darin keine Erwähnung. Natürlich steht im Kalender auch, wann ich wo ein Seminar habe oder wann ein Kundentermin ist. Rund um diese „Fixtermine" baue ich dann meine persönlichen Teilziele ein.

Sie werden sehr schnell bemerken, wie viele dieser Teilziele Sie pro Woche, Monat und Jahr abarbeiten können. Spätestens nach drei Monaten konsequenter Zielsetzung werden Sie es schaffen, sich selbst realistisch einzuschätzen. Es ist aus meiner Sicht logisch, dass, wenn eine Arbeitswoche sehr viele Fixtermine aus Ihrem laufenden Geschäft mit sich bringt, dann weniger „Strategisches" Platz hat. Ja, Strategisches, denn Ihre Ziele werden Sie weiterbringen, Sie werden, wenn Sie diese konsequent verfolgen, mehr verkaufen als Ihre Mitbewerber. Sie werden definitiv Erfolg haben.

Sollten Sie bemerken, dass Sie keinen Platz in Ihrem Leben für Weiterentwicklung und neue Ziele haben, dann erlauben Sie mir ein ehrliches Wort: Sie machen etwas falsch! Niemand sonst. Sie sind der Schmied Ihres Glücks – und nicht irgendjemand anders. Es kann viele Gründe haben, warum Sie zu dem Schluss kommen, keine Zeit mehr für Neues zu haben. Es liegt an Ihnen, dies zu ändern. Ich empfehle Ihnen, sich stets und ständig mit Seminaren, Coachings und Fachliteratur weiterzubilden, also fremde Hilfe in Anspruch zu nehmen, wo Sie alleine nicht mehr weiterkommen. Es ist die beste Investition, die Sie tätigen können, denn Sie investieren in sich selbst.

Tipp: Es wird immer wieder jemanden geben, der auf den ersten Blick erfolgreicher ist, schneller mehr verkauft als Sie. Sie haben die Wahl, ob Sie diese Person beneiden wollen oder ob Sie versuchen, von ihr zu lernen. Es liegt ganz bei Ihnen, wofür Sie sich entscheiden.

Der perfekte Arbeitstag

Wie sieht der perfekte Arbeitstag nach meinem Dafürhalten aus? Ich habe hierfür konkrete Vorstellungen. Eines meiner Credos ist, dass ich in den Tag starte und nicht wie ein Zombie in die Arbeit wanke. Das bedeutet, ich stehe rechtzeitig auf und erledige meine Aufgaben, die ich zuhause so habe. Ich frühstücke in Ruhe und habe bereits meinen Terminkalender offen vor mir liegen und denke mich in meinen Tag hinein. Dann beginnt für mich die wichtigste Zeit des Tages: meine ca. 60 Minuten für konstruktive Tätigkeiten, die mich sofort meinen Zielen näherbringen. Hier setze ich meine nächsten Schritte. Ich schreibe neue Kunden an. Ich schreibe Rechnungen. Ich schreibe dem Notar eine E-Mail wegen der Firmenummeldung. Ich überlege mir einen neuen Blog. Ich bereite meine nächsten Verkäufe vor ...

Hier haben nur Dinge Platz, die mich und mein Unternehmen kurz- oder langfristig wirklich weiterbringen (siehe Zielsetzungen). Diese Zeit steht für die Verwirklichung meiner Ziele zur Verfügung. Habe ich in dieser Zeit Kundenkontakt? Ganz klar: nein!

Mein erster Kundenkontakt beginnt danach. Ich bin bereits zwei bis drei Stunden aktiv, ich habe die Dinge, die ich für heute als für mich wichtig erachte, erledigt und somit den Kopf frei. Pünktlichkeit schätze ich über alles. Ich bin immer überpünktlich. Ich bereite mich auf jeden Kundenkontakt sorgfältig vor. Im Kopf spiele ich die Szenarien durch. Ich stelle mich auf das Gespräch ein und bereite mich in Gedanken noch einmal vor. Dann geht es los, egal ob es um Akquise geht oder ob ich im Seminarraum stehe – ich gebe mein Bestes! Zu diesem Zeitpunkt bin ich richtig wach und leistungsbereit. Stellen Sie sich jetzt die ehrliche Frage, wie Ihr Morgen aussieht und wie Sie diesen verbessern können.

Ich bin der Meinung, dass effiziente Zeitnutzung mit mehreren Faktoren zusammenhängt.

- a) Strukturieren Sie Ihren Arbeitstag. Verschaffen Sie sich einen produktiven Start in den Tag. Das Gefühl, schon in der Früh etwas vorangebracht zu haben, hallt den ganzen Tag nach.
- b) Stellen Sie sich bei Ihren „Business as usual"-Aktivitäten stets die eine Frage: Dient das, was ich gerade mache, dazu, meine Dienstleistung zu verkaufen? Wenn ihre Antwort Nein ist, dann lassen Sie es. Wenn sie Ja lautet, dann machen Sie weiter!
- c) Kontrollieren Sie sich selbst. Wie viel Zeit am Tag arbeiten Sie tatsächlich verkaufsorientiert? Was machen Sie in der Arbeitszeit, in der Sie nicht verkaufen? Arbeiten Sie an Ihrer Expertise? Setzen Sie Marketingaktivitäten? Oder werden Sie erschrecken, wie viele Dinge Sie tun, die nichts mit dem Voranbringen Ihres Geschäfts zu tun haben?

Jetzt stellen Sie sich doch bitte ehrlich die Frage, woher all diese Zeitfresser kommen.

Ich empfehle Ihnen, bei der Beantwortung dieser Fragen sehr ehrlich und selbstkritisch zu sein. Ein Problem können Sie erst dann beseitigen, wenn Sie es erkannt und sich selbst eingestanden haben. Wenn Sie so weit sind, sehen Sie es nicht mehr als Problem an, sondern als Herausforderung. Eine spezifische, realistische Herausforderung in einer bestimmten Zeit messbar meistern zu wollen nennt man auch – wie? Richtig, ein akzeptiertes Ziel setzen und es erreichen! Ich hoffe, Sie verstehen jetzt, dass Ziele nicht von außen, sondern von innen kommen müssen. Ich wünsche Ihnen jetzt schon viel Erfolg beim Erreichen Ihrer Ziele und weiß, dass ich mit diesem Teilkapitel Ihre Sichtweise nachhaltig verändert habe.

Beginnen Sie bitte nun mit der nächsten Übung:

Gestalten Sie sich einen effizienten Arbeitstag!
Hierzu ein paar Hilfestellungen von mir. Ihre Kernzeit ist die Zeit, in der Sie direkten, persönlichen Kundenkontakt haben. Um diese Zeit herum bauen wir alles andere. Zeitlich davor setzen Sie all die Dinge, die wirklich wichtig sind und die Ihnen helfen, Ihre Ziele zu erreichen.

Während des Kundenkontakts konzentrieren Sie sich voll und ganz auf den Kunden, denn das ist der Job, in dem Sie schließlich immer besser werden wollen.
Zeitlich nach den Kundenkontakten können Sie noch Nachbereitungen aus dem Verkauf oder E-Mails erledigen, die zwar wichtig, aber nicht dringend sind.
Unterteilen Sie Ihren Arbeitstag in diese drei Teile, und Sie werden sehen, dass Sie ganz automatisch effizienter werden.

Das ist mein Vorschlag zur groben Einteilung eines vernünftigen Arbeitstags. Wenn Sie der Meinung sind, dass das bei Ihnen adaptiert werden muss, dann tun Sie das. Ich erhebe keinen Anspruch auf Absolutheit. Dieser Teil soll Ihnen als Anleitung dienen – als Ankerpunkt, von dem aus Sie weitergehen können, und keinesfalls als Korsett, das Sie einengt.

Geben Sie dem „kleinen Wappler" keine Chance – Selbstdisziplin als Schlüssel zum Erfolg

Ich nenne ihn liebevoll den „kleinen Wappler". Für die Nicht-Österreicher soll dieser Begriff kurz definiert werden. Laut Online-Duden ist der Wappler ein Synonym für einen untüchtigen Menschen. Der Begriff wird außerdem als österreichisch, umgangssprachlich und abwertend definiert.
Das Problem mit dem „kleinen Wappler" ist nun mal, dass er wirklich in jedem von uns steckt und uns dazu anstiftet, irgendetwas Unwichtiges zu tun, meistens aber, etwas Wichtiges *nicht* zu tun – also am besten gar nichts zu tun, auf alle Fälle aber nicht das, was wir tun müssen, um erfolgreich zu sein. Er lässt uns oft noch einmal den Wecker ausschalten. Er schlägt vor, dass ein Online-Spiel oder eine Visite in den sozialen Medien zielführender ist als ein Anruf beim Kunden.
Ich möchte, dass Sie in einem ersten Schritt verstehen lernen, wie diese innere Stimme, die uns im Nacken sitzt, funktioniert und wie sie uns davon abhält, erfolgreich zu sein. Der „kleine Wappler" hilft uns dabei, Schmerz zu vermeiden. Sie kennen doch sicher Situationen in Ihrem Leben, in denen Sie vor Entscheidungen stehen. Entscheidungen, die eine größere Dimension erreichen können, wie zum Beispiel: Soll ich mich selbstständig machen? Soll ich heute wirklich Kunden anrufen oder besser erst eines schönen Tages? Soll ich die Reklamation heute schon bearbeiten oder besser erst

nächste Woche? All diese Dinge sind mit großen Änderungen und mit Ungewissheit verbunden. Irgendwann kommen im Entscheidungsprozess Zweifel auf: „Schaffe ich das? Kann ich mir das leisten? Werde ich versagen? ..." Das impft uns unser „kleiner Wappler" ein. Er möchte am liebsten nichts verändern, denn bis jetzt haben wir so, wie wir sind, überlebt. Er will uns am Leben halten, das sieht er als seinen Job, und er will uns vom Schmerz fernhalten. Dadurch treibt er uns aber, wenn wir ihm nachgeben, automatisch in die Erfolglosigkeit.
Der Weg zum Erfolg führt durch den Schmerz hindurch und nicht an ihm vorbei!
Niemand, der es im Leben zu etwas bringt, schafft das, indem er nur das Allernotwendigste tut und arbeitet. Ganz im Gegenteil: Erfolgreich sind die, die hart und konsequent an einer Sache arbeiten. Erfolgreich sind die, die sich auf eine Aufgabe fokussieren und die mit ihr verbundenen Herausforderungen annehmen. Sie werden sehen, dass Sie im Vertrieb viel öfter ein Nein als ein Ja hören. Sie werden sehen, dass trotz all ihrer Begeisterung auch harte Zeiten und Durststrecken auf Sie zukommen. Darum rate ich Ihnen, sich Ihren Arbeitstag entsprechend zu strukturieren.

Vom Selbstständigen zum Unternehmer – Produktivität im Geschäftsleben

Wer kennt sie nicht, die 100.000 lästigen Kleinigkeiten, die den Arbeitsablauf nur bremsen. Sie haben sie im Hinterkopf und wollen sie nicht erledigen. Sie schieben sie vor sich her und ärgern sich bei jedem Gedanken über sie. Irgendwann erledigen Sie diese Dinge aber dann doch. Sie füllen das Formular aus, Sie schreiben den aus Ihrer Sicht schwachsinnigen Bericht etc. Mit Vertrieb hat all das nichts, aber rein gar nichts zu tun. Solange Sie sich über diese Dinge ärgern, ist alles noch im grünen Bereich, denn Sie haben Ihren Fokus noch nicht verloren. Sollten Sie diesen Dingen einen höheren Stellenwert zugestehen, weil sie ach so wichtig sind, als Ihrer eigentlichen Verkaufstätigkeit, dann ist wirklich Feuer am Dach. Denn Ihr gesamtes Zeitmanagement hat sich um eine einzige Frage zu drehen:

„Arbeite ich gerade daran, etwas zu verkaufen?"
Wann immer Sie diese Frage mit Ja beantworten können, ist alles gut, einfach weitermachen.

Wann immer Sie diese Frage mit Nein beantworten, müssen Sie sich etwas überlegen. Wenn Sie mit Ihren persönlichen Dienstleistungen erfolgreich sein wollen, dann haben Sie nur ein gewisses Stundenausmaß zur Verfügung. Mehr als arbeiten können Sie nicht. Gehen wir davon aus, Sie wollen 50 Stunden die Woche für Ihr Geschäft tätig sein. Dann muss Ihr Ziel sein, von diesen 50 Stunden so viele wie möglich an Ihre Kunden verrechnen zu können. Wenn Sie es schaffen, 40 Stunden zu verrechnen und 10 Stunden für Akquise, Stammkundenpflege und Marketing zu verwenden, dann sind Sie auf einem guten Weg. Wenn Sie nur 30 Stunden verrechnen, drei Stunden für Kundenkontakte verwenden und sich den Rest der Zeit mit Administration zumüllen, dann sehe ich das als problematisch.

Wenn Sie Selbstständiger oder Unternehmer sind, werden Sie sich auch mit Dingen beschäftigen müssen, die nicht im Vertrieb beheimatet sind. Ich empfehle Ihnen trotzdem, diese Zeiten so gering wie möglich zu halten. Warum? Ganz einfach: Es gibt aus meiner Sicht zwei Kennzahlen, die Sie als Unternehmer für Ihren Erfolg im Griff haben müssen. Die eine ist der ROI (= Return on Investment), also die Amortisation Ihrer Investitionen und das damit verbundene Erwirtschaften von Deckungsbeiträgen und Gewinnen.

Die andere Kennzahl ist Ihr Cashflow. Das tollste Unternehmen mit Spitzeninnovationen und Superdienstleistungen wird unweigerlich pleitegehen, wenn mehr Geld rauswandert als hereinspaziert. Es kann schon reichen, dass Sie Ihren Kunden längere Zahlungsziele einräumen, als Sie bei Ihren Gläubigern ausverhandeln konnten. Schon stehen Sie einem Liquiditätsproblem gegenüber, welches auf Dauer nur tödlich für Ihr Unternehmen enden kann.

Was will ich Ihnen aufzeigen? Selbstständige und Unternehmer arbeiten in einem hohen Maß bzw. vollständig selbstbestimmt. Ihre Aufgaben liegen nicht im Bereich der sogenannten „ausführenden Tätigkeiten". Je mehr Sie sich vom Selbstständigen zum Unternehmer entwickeln, umso mehr unproduktive Tätigkeiten müssen Sie abgeben. Genau diese Tätigkeiten sind Ihre Zeitfresser. Es wird aber niemanden geben, der für Sie Ihren Arbeitsalltag organisiert. Die einzige Person, die das macht, ist die, die Sie morgens im Spiegel anlächelt.

Nur wer seine Zeit im Griff hat, hat auch sein Leben im Griff!

Wenn es einen Faktor gibt, der in Ihrem Leben streng begrenzt ist, dann ist das die Zeit, die Ihnen für Ihr Leben bleibt. Ich rate Ihnen, diese so bewusst und so selbstbestimmt wie nur irgendwie möglich zu verbringen. Ich bin der festen Überzeugung, dass nur ein selbstbestimmtes Leben auch ein glückliches Leben ist.

Die sieben Schritte des Verkaufs

Ich habe für Sie den Verkaufsprozess in sieben Schritte unterteilt. Ich halte diese Unterteilung für die beste, auch wenn mir bewusst ist, dass es eine Unsumme an anderen Unterteilungen gibt. Sie werden am Ende dieses Kapitels mit Sicherheit verstehen, warum ich genau diese Einteilung gewählt habe.

Schritt 1: Vorbereitung

Die Vorbereitung auf den Verkauf ist aus meiner Sicht das A und O für einen erfolgreichen Vertrieb. Dieser Punkt wird in drei Teile unterteilt.

Ich habe bereits im ersten Teil angesprochen, dass Sie Experte und zwar wirklich Experte für Ihr Produkt sein müssen. Sie kennen Ihre Fähigkeiten und die Dienstleistung, die daraus resultiert, am besten. Sie wissen, was Sie können und welchen Nutzen Ihre Arbeit bringt.
So, nun muss aber auch jeder einmal anfangen. Irgendwie? Nicht irgendwie, ich will, dass Sie durchstarten können. Darum haben Sie mein Buch gekauft. Wenn Sie neu im Vertrieb sind oder einfach ein neues Produkt haben, müssen Sie sich eingehend damit beschäftigen. Darum habe ich hier die folgende Übung für Sie vorbereitet.

- Meine Dienstleistung:
  (Benennen Sie bitte Ihre Dienstleistung)

- Welche Eigenschaften hat meine Dienstleistung?
  (Führen Sie alle Charakteristika an: „Was bewirke ich mit meiner Dienstleistung?" Keine Denkverbote)

Personas

Wir werden jetzt Ihren einzelnen Kunden ein Gesicht geben. Sie kennen sicher den Begriff „Zielgruppe". Also: Welche gemeinsamen Eigenschaften haben die Menschen, die Ihre Dienstleistung in Anspruch nehmen? Vielleicht – oder sogar sehr wahrscheinlich – lassen sich diese nicht in eine Zielgruppe einteilen, sondern in mehrere Untergruppen. Stellvertretend für eine abstrakte Zielgruppe lassen wir jetzt eine Person entstehen, die diese repräsentiert. Das hat den Sinn, dass Sie sich ein konkretes Gegenüber vorstellen können, mit dem Sie in Interaktion treten. Man nennt diesen „Prototyp" eine Persona. Diese „künstlich konstruierte Person" weist unterschiedliche Merkmale auf, die in vier Gruppen gegliedert werden:

- Demografische Merkmale
  (Alter, Geschlecht, Familienstand, Kinder …)

- Soziökonomische Merkmale
  (Ausbildung, Beruf, Einkommen, soziale Gruppe …)

- Psychografische Merkmale
  (Persönlichkeitsmerkmale, Interessen, Hobbys, Nutzenvorstellungen, Werte, Meinung, Kaufabsichten …)

- Verhaltensmerkmale
  (Preissensibilität, bevorzugte Medien, Kaufhäufigkeit, Einkaufsstättenwahl, Produktwahl, Markentreue, Einkaufsmengen …)

Ich habe die Personas bewusst in den Vertriebsteil eingebaut. Für mich sind diese Personas das Bindeglied zwischen den Marketingüberlegungen und Ihren Verkaufsabsichten. Für eine Zielgruppe haben Sie sich in Teil I entschieden, durch die Personas machen Sie diese für den Vertrieb Ihrer Dienstleistung greifbar.

Beispiel: Lassen Sie uns von einer Yogalehrerin ausgehen, die ihre Zielgruppe analysiert und dementsprechende Personas konstruiert. (Anmerkung: Sie werden wohl nie mit einer Persona auskommen, sondern einige brauchen). Aufgrund erster Erfahrungen entsteht die folgende Persona:

Persona: Isabella
- Demografische Merkmale
  Alter: 32 Jahre
  Geschlecht: weiblich
  Familienstand: Single
  Kinder: keine
  Haushaltsgröße: 1 Person
  Wohnort: Österreich, Wien, 8. Bezirk

- Sozioökonomische Merkmale
  Ausbildung: Universitätsabschluss
  Beruf: Anwältin
  Einkommen: über € 3500,– netto im Monat
  Soziale Gruppe: gehobene Mittelschicht

- Psychografische Merkmale
  Interessen: Recht, Politik, Kunst, Kultur
  Hobbys: Sport, Reisen, kulturelle Aktivitäten
  Nutzenvorstellungen: legt viel Wert auf Nachhaltigkeit, Gesundheit und Fitness
  Werte: politisch links der Mitte, Individualistin links der Mitte
  Kaufabsichten: hochwertige Markenartikel und Dienstleistungen, Bio- und Fair-Trade-Produkte

- Verhaltensmerkmale
  Preissensibilität: gering, da sie Wert auf Qualität und Service legt
  Kaufhäufigkeit: Dauerkundin im Yogastudio, einmal die Woche
  Medien: Social Media, Tageszeitungsabo aus dem linken Spektrum in einer Onlinevariante
  Einkaufsstättenwahl: zentrale Lage, mit öffentlichen Verkehrsmitteln gut erreichbar, hoher Servicegrad bevorzugt
  Produktwahl: hochwertige Markenprodukte bei hoher Markentreue

Die Yogalehrerin hat nun ein Gesicht, eine Person(a) vor Augen, die ihre Kundin ist. Sie weiß jetzt zum Beispiel, dass sie im Hochpreissegment anbieten kann. Vorausgesetzt, dass ihr Yogastudio zentral erreichbar ist und das Service stimmt. Pausengetränke und Obst werden in ihrem Studio wahrscheinlich Bio- und Fair-Trade-Produkte sein. Ihre Werbekampagnen wird sie auf Social-Media-Kanälen schalten, die dem Alter der Persona entsprechen. Sie weiß, welche Smalltalk-Themen sie auf alle Fälle sein lassen muss, weil sie dabei die Wertehaltung ihrer Kunden verletzen könnte.

Das sind nur einige wenige Informationen, die Ihnen nach dem Konstruieren einer Persona zur Verfügung stehen. Diese Methode hilft Ihnen, abseits von abstrakten Zielgruppenanalysen eine Person zum Angreifen entstehen zu lassen.
Sie haben eine Vorstellung von Ihren Kunden, und das hilft Ihnen, sich in diese hineinzuversetzen. Aber Achtung, es ist eine Vorstellung. Beobachten Sie Ihre Zielgruppe ständig und verfeinern Sie die Personas. Ergänzen Sie und streichen Sie Punkte in den einzelnen Kategorien. Je näher Sie am Puls Ihrer Zielgruppe sind, umso treffsicherer wird Ihr Marketing und umso erfolgreicher wird Ihr Vertrieb.
Hier eine Übung zum Thema Personas. Versuchen Sie sich darin, eine erste Persona zu konstruieren. Nehmen Sie zu den vorgegebenen Punkten noch gerne alles auf, was Ihnen für Ihr Geschäft wichtig erscheint.

Persona:

- Demografische Merkmale

    Alter:

    Geschlecht:

    Familienstand:

    Kinder:

    Haushaltsgröße:

    Wohnort:

- Sozioökonomische Merkmale

  Ausbildung:

  Beruf:

  Einkommen:

  Soziale Gruppe:

- Psychografische Merkmale

  Interessen:

  Hobbys:

  Nutzenvorstellungen:

  Werte:

  Kaufabsichten:

- Verhaltensmerkmale

  Preissensibilität:

  Kaufhäufigkeit:

  Medien:

  Einkaufsstättenwahl:

  Produktwahl:

Wenn Sie Ihre Persona konstruiert haben, dann überlegen Sie sich im nächsten Schritt folgende Antworten:
- In welchem Lebensbereich will die Persona meine Dienstleistung benutzen? (Beruflich, privat, Hobby, mehrfach ...)
- Welchen Hauptnutzen bietet ihr meine Dienstleistung?
- Welche(n) Zusatznutzen bietet ihr meine Dienstleistung?
- Habe ich noch andere Dienstleistungen oder Produkte, die den Nutzen verstärken? (Synergieeffekt)
- Welche zusätzlichen Services kann ich anbieten?
- Wie will ich mit dem Kunden interagieren?
- Wie gestalte ich die Prozesse und Abläufe beim Erstellen meiner Dienstleistung?

Tipp: Versetzen Sie sich immer in Ihren Kunden? Was will der Kunde, wie „tickt" er? Wenn Sie sich bei einem Gedanken wie „Also, ich würde das so oder so machen" erwischen, dann sind Sie auf dem Holzweg. Sie sind der Verkäufer, nicht der Kunde. Hüten Sie sich auch davor, Ihre Glaubenssätze auf Ihren Kunden zu projizieren. Beispiel: Alle wollen ein schnelles Auto. Jeder hätte gerne ein größeres Haus ...
Was für Sie, für viele, vielleicht sogar für die überwiegende Mehrheit gilt, muss nicht für Ihren Kunden gelten.

In dieser Phase müssen Sie gerade als Anfänger noch viel interpretieren und dann immer wieder nachjustieren. Es wird aber auch den „alten Hasen" im Geschäft immer wieder zum Verhängnis, dass sie glauben, Kundenwünsche erraten zu können. Lassen Sie das. Hören Sie zu, lernen Sie dazu und schreiben Sie sich Ihre Erkenntnisse auf. Dann haben Sie immer eine gute Grundlage, mit der Sie sich und Ihre Verkaufstechniken weiterentwickeln können.

Nun wissen Sie, was Ihre Dienstleistung bietet und welchen Nutzen und Zusatznutzen sie den Kunden bringt und mit welchen Produkten Sie sie gut kombinieren können. Außerdem haben Sie Ihren Kunden ein Gesicht gegeben. Was nun? Wir brauchen einen Pitch. Was ist ein Pitch? Sie kennen wohl sicherlich die Fernsehsendungen, in denen Jungunternehmer, Startups oder Erfinder um das Geld von Investoren buhlen. Sie haben dazu in der Regel nur wenige Minuten Zeit. Sie müssen in einer Minute in der Lage sein, dem Kunden den Mehrwert ihrer Dienstleistung zu präsentieren.

Aus den vorigen Kapiteln wissen wir bereits über Funktionen, Nutzen, Zusatznutzen und über die Personas Bescheid.

Der Pitch

Jetzt gilt es, einen Sales-Pitch zusammenzustellen. Das bedeutet, dass Sie in ein bis zwei Minuten das Wichtigste über Ihre Dienstleistung sagen können. Welchen Mehrwert bringt sie dem Kunden? Welche Services bieten Sie außerdem an? Die Reihenfolge sieht so aus:
1) Rhetorische Frage und/oder Storytelling
2) Nutzen und Zusatznutzen
3) Funktionsweise

Pitch-Beispiel Yogalehrerin:
„Willst du dir selbst neu begegnen? Stell dir vor, du fühlst dich selbst mit allen Sinnen. Der Geruch wohltuender ätherischer Öle und sanfte Wortimpulse bringen dich auf eine neue Ebene des Seins. Die Techniken dazu lernst du in meinem Anfängerkurs. Ich zeige dir, wie du deine Körperhaltung ausrichtest und deine Atemtechniken verfeinern kannst. Du wirst dich frei und glücklich fühlen, deinen Körper fit machen und dich rundum wohl und gesund fühlen.
Mein Name ist ... Ich bin seit acht Jahren zertifizierte Yogatrainerin und zeige dir Schritt für Schritt die Techniken des Yoga in meinem exklusiven Yogastudio in 1080 Wien."

Persönliche Vorbereitung

Es gibt ein paar Dinge, die ich keinem Kunden zumuten will. Ich liste diese hier exemplarisch auf. Das sind meine sieben Glaubenssätze zum Thema Vorbereitung. Verinnerlichen Sie diese und seien Sie erfolgreich.
1) Sie sind pünktlich beim Kunden, im Geschäft ...
2) Sie haben sich auf den heutigen Tag nach bestem Wissen und Gewissen vorbereitet.
3) Sie sind dem Anlass entsprechend gekleidet.
4) Ihre Körperhygiene ist einwandfrei.
5) Sie haben alle erforderlichen Unterlagen dabei.
6) Alle Störquellen sind eliminiert.

7) Sie haben eine Choreografie im Kopf, wie das heutige Gespräch ablaufen wird.

Lassen Sie uns diese Punkte gemeinsam durchgehen.

Pünktlichkeit
Meiner Meinung nach ist Unpünktlichkeit ein Geringschätzen der Zeit des Kunden. Pünktliche Menschen strahlen Verlässlichkeit aus, und dies schafft Vertrauen. Seien Sie zehn Minuten früher da. Sie können sich noch sammeln und alles noch einmal geistig durchgehen. Hände weg vom Smartphone. Drehen Sie das Ding einfach ab (auch wenn das manche gar nicht mehr glauben können, da ist so ein Knopf an der Seite). Stellen Sie sich aufrecht hin, atmen Sie durch und verschaffen Sie sich die notwendige Energie – und los geht es.

Vorbereitung
Sie haben recherchiert, was der Kunde macht. Sie waren auf seiner Homepage und haben sich die Firmenhistorie, das Leitbild, die Produktpalette etc. durchgelesen. Sie haben im Optimalfall ein Foto von Ihrem Ansprechpartner gefunden. Sie interpretieren in dieses Foto nichts hinein. Er oder sie kann nichts dafür, dass er Ihrem Erzfeind aus der Mittelschule ähnelt oder ein bisschen wie Ihr bester Freund aussieht. Sie sind positiv und freuen sich auf den Termin. Sie bereiten Ihre Unterlagen vor und überlegen sich Fragen, die Sie Ihrem Kunden stellen wollen. Da Sie bei mir lernen, schreiben Sie sich diese Fragen auf und legen Sie sie zu Ihren Unterlagen. Auf diese Weise schaffen Sie sich einen Katalog mit Standardfragen, den Sie Fall für Fall ergänzen können.

Kleidung
Overdressed ist genauso schlimm wie underdressed! Die Homepage und die darauf abgebildeten Fotos zeigen uns, wie sich ein Unternehmen gerne in der Öffentlichkeit sieht. Es wird für Sie von Vorteil sein, wenn Sie sich diesem Dresscode grundsätzlich anpassen.
Aus meiner Sicht ist der Dresscode zumeist eine Branchenfrage. Bei Banken gibt es für die Herren die Möglichkeit eines grauen, schwarzen oder blauen Anzugs, für die Damen dasselbe als Kostüm. Hier sind häufig die Accessoires sehr wichtig: Manschettenknöpfe, Uhr etc.
Man nennt dies das Spiegeln seines Gegenübers. Wenn ich mich optisch anpasse, wird das in der Regel gerne gesehen. Ich persönlich habe mir hier

immer meine Individualität bewahrt. Meistens mit Sakko, selten mit Krawatte, aber immer ein Stecktuch.

> **Tipp:** Ich uniformiere mich nicht mit dem Kunden, ich passe mich in gewissen Nuancen an. Für mich geht Wiedererkennungswert eindeutig über Angepasstheit. Seien Sie anders! Und lernen Sie, sich damit wohlzufühlen! Sie sind einzigartig, so wie Sie sind, und das ist ausgezeichnet!

Eine meiner Kundinnen in einem Verkaufsseminar verkauft alternativen Schmuck, entsprechende Kleidung sowie Hanfprodukte. Sie hat einen Irokesenschnitt in Regenbogenfarben, für mich undefinierbare Kleidungskombinationen und genügend Piercings, um Stunden an der Flughafenschleuse zu verbringen. Sie ist prinzipiell mit jedem, der ins Geschäft kommt, per Du und macht ohnehin alles anders als im traditionellen Verkauf üblich. Darf ich Ihnen was sagen? Das ist gut so, denn sie verkauft nicht traditionell. Sie ist mit Ihrem Outfit genauso nah an Ihrem Kunden wie ich mit Sakko und Stecktuch an meinem.

Körperhygiene

Muss man denn das dazusagen? Das ist doch selbstverständlich. Ich bin seit Jahren im Geschäft und fühle mich bemüßigt, es dazuzusagen. Denn es ist leider immer wieder ein Problem. Schwarze Fingernägel und schmutzige Hände. Die Speisekarte der letzten Woche auf dem Hemd. Offensichtlich ungewaschene Haare, seit Tagen nicht geduscht. Schmutzige Kleidung und nicht geputzte Schuhe.
Ob Sie es glauben wollen oder nicht, es ist leider immer wieder ein Problem, obwohl es selbstverständlich sein sollte.
Wer, wenn nicht Sie, sind das Aushängeschild Ihres Unternehmens. Wollen Sie Ihre Firma und sich selbst in diesem Licht präsentieren? Ich denke nicht.

Unterlagen

Sie wissen bereits: Wer schreibt, der bleibt. Sie haben beim Kundengespräch immer Fragenkatalog, Broschüren, Preislisten, Beispiele etc. dabei, damit sich der Interessent ein Bild von Ihren Leistungen machen kann. Da ist nichts ausgegangen und nichts daheim liegen geblieben.

TEIL II: Verkauf

Störquellen
Schalten Sie bitte Ihr Handy aus. Nicht vibrieren und nicht blinken lassen, gar nichts machen. Das Smartphone ist beim Kundengespräch klinisch tot. Der Kunde steht im Vordergrund und sonst nichts und niemand. Hier gibt es kein „Ich muss da mal rangehen"! Ihr Job ist Verkaufen und nicht Telefonieren. Derjenige, der offensichtlich kaufen will, der steht schon vor Ihnen, den brauchen Sie nicht mehr anzurufen. Selbiges gilt für allen anderen Elektroschrott und was sonst noch ablenken könnte.

Choreografie
Schon vor Gesprächsbeginn haben Sie sich überlegt, was der Output des heutigen Gesprächs sein wird, wie es weitergeht, ob es heute zum Abschluss kommt oder ob der Kunde zum Stammkunden wird (Optimalfall, der immer Ihr Ziel sein sollte). Sie müssen wissen, wie weit Sie im Verkaufsprozess sind (keine Angst, das wissen Sie am Ende dieses Kapitels ganz bestimmt) und was Sie im nächsten Schritt zu tun haben.

Mentale Vorbereitung – Energie

Alles reine Kopfsache! So einfach sich das anhört, so schwierig ist es oft in der Umsetzung. Verkauf kostet Energie. Es gibt den Spruch: „Wer mit mehr Energie als sein Gegenüber in eine Situation hineingeht, der kommt als Sieger wieder heraus."
Für den Vertrieb stimmt das auf alle Fälle. Das bedeutet aber auch, dass Sie sehr viel Energie haben müssen, um mit den Menschen, die Ihre Kunden werden sollen, erfolgreich arbeiten zu können.
Wie geht das? Zugegeben, es ist nicht jeder Tag gleich! Manchmal fällt es uns schon morgens schwer, uns zu motivieren. Das sind dann die Tage, an denen scheinbar nichts geht. Das liegt definitiv nicht am Kunden! Das liegt an uns selbst.
Wenn ich merke, dass ich nicht bereit bin, dann überlege ich mir, was da an mir nagt. Es gibt vielleicht irgendein Problem, sei es beruflich oder privat, welches mir bewusst oder unbewusst meine Aufmerksamkeit raubt. Wenn es möglich ist, schaffe ich das noch vor Arbeitsbeginn aus der Welt. In vielen Fällen kann ich das nicht. Da mache ich mir einfach bewusst, was mich ärgert, überlege mir meine nächsten Schritte, und dann wandert es für die Dauer meines Kundentermins in die geistige Ablage. Sie müssen einen

freien Kopf haben. Sie müssen sich auf Ihr Gegenüber konzentrieren, denn wenn Sie abgelenkt sind, dann können Sie das nicht und werden scheitern.
Wenn Sie Kampfsport betreiben oder sich mit Kriegerideologien beschäftigt haben, werden Sie wissen, was ich meine. Sie brauchen einen freien Kopf, um siegen zu können. Im Vertrieb ist das nicht anders.
Eine Technik hierfür ist, sich vorzustellen, wie der heutige Termin ablaufen wird, wie Sie Erfolg haben werden, welche Belohnung Sie sich gönnen, wenn der Vertrag unter Dach und Fach ist. So bringen Sie sich automatisch in eine positive Grundstimmung.
Ein anderer Tipp ist: Lächeln Sie eine Minute lang durchgehend. Wer eine Minute lang lächelt, ist nachher besser drauf. Funktioniert! Einfach ausprobieren.
Tief durchatmen. Einfach tief durchatmen. Manche Verkäufer entwickeln eigene Mantras, die sie sich vorsagen, bevor sie in eine Verkaufssituation gehen. Beispiel: „Ich weiß, ich schaffe das!" Legen Sie sich einfach die Methode zurecht, die Ihnen am meisten zusagt.
Das Fundament für Ihren Verkaufserfolg ist und bleibt, dass Sie verkaufen wollen. Nicht wünschen, nicht möchten, sie wollen! Wenn Sie sich dabei ertappen, dass Sie das nicht mehr wollen, haben Sie ein Problem. Es ist nicht die Schuld der Kunden.
Wie erkennen Sie Ihr Problem? Ich habe Spaß am Verkauf, ich mache das gerne. Ich liebe es, mit Menschen zu arbeiten, und habe meine Freude daran. Ich freue mich auf meine Seminartage und auf die Kundenprojekte als Unternehmensberater. Wenn ich all das nicht mehr hätte, dann hätte ich etwas falsch gemacht. Vielleicht betreue ich zu viele Kunden? Vielleicht hat sich in meiner Einstellung etwas geändert? Vielleicht bin ich geistig im BIG-BANG-TETRAEDER schon weiter, als ich es mit meinem Geschäft bin? Oder, oder, oder ...
In solch einem Fall muss ich in mich gehen und die notwendigen Schritte setzen. Gegen Ende des vorletzten Jahres war ich persönlich an einem Punkt angelangt, an dem ich bemerkte, dass ich definitiv zu viel gearbeitet hatte. Die Konsequenz daraus war, dass die Qualität meiner Arbeit gelitten hatte. Ich wurde ungeduldig und war aufgrund meiner Übermüdung auch unkonzentriert. Was glauben Sie? Werden Sie in diesem Zustand erfolgreicher sein? Wohl kaum.
Darum mein Rat: Lassen Sie das. Oft bedeutet ein Schritt zurück zwei Schritte nach vorne. Was war mit mir passiert? Ich hatte schlicht und ergreifend nicht mehr die Energie für dieses Arbeitspensum. Ich habe darum mein

operatives Arbeitspensum zurückgeschraubt. Ich hatte bereits begonnen, mich gesünder zu ernähren, das habe ich noch weiter intensiviert. Ich habe begonnen, mehr Bewegung zu machen. Ich wollte schon immer ein Buch zum Thema Verkauf und Marketing schreiben. Die Idee, es für Menschen zu schreiben, die sich auf persönlich erbrachte Dienstleistungen spezialisiert haben, kam mir während der Arbeit. Ich hatte den Rücken und somit den Kopf frei und wollte mich auf das Schreiben konzentrieren. Das habe ich gemacht. Ich bin jetzt stärker, fitter und gesünder als je zuvor.

Sie werden jetzt vielleicht meinen: „Aber das kann ich doch nicht. Ich brauche meinen Job, ich muss jeden Tag zur Arbeit. Ich muss das Haus abbezahlen. Ich habe Verpflichtungen ..."

All das sind Zwänge, Zwänge die Sie sich geschaffen haben. Ich rate Ihnen: Befreien Sie sich von diesen Dingen Schritt für Schritt. Sie fressen Ihre Lebensenergie. Jetzt Hand aufs Herz: Wenn es Tage gibt, an denen Sie schlecht drauf sind, dann hängt das doch meistens mit Dingen zusammen, die ich einen Absatz weiter oben beschrieben habe. Suchen Sie Alternativen für das, was Sie behindert, und versuchen Sie, sich von Ihren Zwängen zu befreien.

Stellen Sie sich einen Soldaten vor, der sich im Lauf der Zeit mit Ausrüstung und Waffen so schwer beladen hat, dass er fünfzig Kilogramm Ausrüstung mit sich trägt. Jetzt muss er aber mit all dem Zeug auch noch marschieren. Er marschiert einen ganzen Tag durch eine Wüste auf seinen Gegner zu, um ihn am Abend zu stellen. Nach kilometerlangem Marsch in glühender Hitze mit fünfzig Kilo Ausrüstung und Waffen hat er endlich seinen Gegner erreicht. Letztlich muss er sich kampflos seinem Feind ergeben, denn er ist zu erschöpft, um zu kämpfen. Was war doch gleich seine Aufgabe?

Eigentlich hätte er kämpfen sollen, um zu gewinnen. Doch das hat er nicht – er hat sich seinem Sicherheitsbedürfnis hingegeben. Noch eine Waffe mehr, noch ein Ausrüstungsgegenstand dazu und, und, und. Er hat sich von einem Mangel an Selbstvertrauen leiten lassen und darum nach Sicherheit gegiert. Dieses Bedürfnis nach Sicherheit hat ihn seinen Erfolg gekostet.

Machen Sie es schlauer als der Krieger in dem Beispiel. Arbeiten Sie an Ihrem Selbstvertrauen und an einem selbstbestimmten und möglichst ballastfreien Leben.

Zum Erlangen mentaler Stärke ist es wichtig, Ihre Gewohnheiten und Ihr Umfeld in den Griff zu bekommen. Räumen Sie auf, im direkten wie im übertragenen Sinn! Unsere Umwelt wirkt als Verstärker. Wenn Sie sich nur mit negativen Dingen beschäftigen, negative Nachrichten ganz genau studieren und jedes negative Posting zu negativen Nachrichten lesen, dann wird Ihre Grundeinstellung wohl oder übel auch negativ. Diese negative Energie werden Sie zweifelsohne weitergeben, denn das Einzige, das Sie zu erzählen haben, sind die negativen Dinge, mit denen Sie sich beschäftigen. Menschen, die nur Negatives von sich geben, werden bestenfalls Gesprächspartner finden, die das halb leere Glas zum Lebensmotto erhoben haben. Verkaufen? Nein, verkaufen werden die nichts. Ganz im Gegenteil. Der Kunde kauft vom Sieger, nicht vom Nörgler! Umgeben Sie sich mit positiven Menschen, sie werden Ihr Leben verändern!

Fazit: Räumen Sie auf. Dinge, die Ihren persönlichen Erfolg vereiteln. Das sind all die Dinge, die Ihnen immer wieder in den Sinn kommen und die negative Emotionen bei Ihnen auslösen. Verbannen Sie sie aus Ihrem Leben. Suchen Sie Lösungen und beseitigen Sie Schritt für Schritt die Störfaktoren. Vielleicht denken Sie jetzt: „Das kann ich nicht abstellen, denn da geht es zum Beispiel um die ungeliebte Buchhaltung, den ganzen Verwaltungskram, familiäre Probleme etc." Manche Dinge sind nicht sofort und nicht von uns allein beeinflussbar. Beginnen Sie mit denen, die Sie ganz allein klären können. Fangen Sie beim zugemüllten Schreibtisch an, arbeiten Sie sich vor zu Ihren E-Mails und sortieren Sie sich. Entwickeln Sie Ihr eigenes System oder nehmen Sie fremde Hilfe an. Übergeben Sie Ihre Buchhaltung einem Steuerberater, bezahlen Sie eine Teilzeitkraft für die Büroorganisation. Dadurch schaffen Sie zeitliche Ressourcen, die Sie für Ihre eigentliche Arbeit und den Vertrieb Ihrer Dienstleistungen in Anspruch nehmen können. Denn das ist das, was Sie wirklich gut können und womit Sie Ihr Geld verdienen. Wenn Sie der Meinung sind, das können Sie sich nicht leisten, dann liegt das an Ihrem Selbstvertrauen und an Ihrer Strategie, auf die Dinge zuzugehen. Die Teilzeitkraft beispielsweise kostet Geld, also setzen Sie sich das Ziel, dass Sie binnen drei Monaten so viel mehr verdienen, dass Sie über das Gehalt nicht mehr nachdenken müssen. Ihr Geschäft wächst dann automatisch, weil Sie Zeit dafür haben.

Ein wunderbares Buch für Ordnung im Arbeitsalltag stammt von David Allen: „Wie ich die Dinge geregelt kriege!" Ein anderes zum Thema Selbstdisziplin ist „Keine Ausreden!" von meinem persönlichen Lieblingstrainer Brian Tracy. Ich will Ihnen damit sagen: Sie brauchen das Rad nicht neu zu erfinden, adaptieren Sie bewährte Systeme, die Ihre Kernarbeit und den Verkauf Ihrer persönlichen Dienstleistung unterstützen! Wenn Sie der Meinung sind, Sie sind organisatorisch schon top und dementsprechend aufgestellt: ausgezeichnet! Ich freue mich für Sie, dann gehen wir die eigentliche Arbeit an. Ich sage nur: Ran an den Kunden!

Schritt 2: Erstkontakt

Aug in Aug mit dem Kunden. Der erste Eindruck zählt, der letzte Eindruck bleibt. Es gibt nichts, was so prägend für den weiteren Gesprächsverlauf ist wie der erste Eindruck, den wir von unserem Gegenüber gewinnen. Und den vor allem unser Gegenüber von uns gewinnt.

Eine Frage: Muss Ihnen Ihr Kunde sympathisch sein? Nein, es macht Ihre Arbeit leichter. Aber als Profi können Sie eine sachliche Ebene aufbauen, die auch bei etwas unterkühlten Sympathiewerten zum Erfolg führt. Das ist Ihr Beruf, und das ist auch der Anspruch, den Sie an sich selbst zu stellen haben. Sie suchen für jeden Kunden die bestmögliche Lösung – und basta!

Drehen wir das Ganze um: Müssen Sie dem Kunden sympathisch sein? Hier kommt ein klares Jein von mir! Sollten Sie einem gewerblichen Kunden oder einem professionellen Einkäufer gegenüberstehen, so hat dieser genauso professionell seine Animositäten auszublenden wie Sie. Wenn Sie mit Privatkunden arbeiten, wird das schon schwieriger. Hier ist der emotionale Faktor viel stärker als bei gewerblichen Kunden. Außerdem müssen Sie bedenken, dass Sie Dienstleistungen vertreiben. Der Kunde kauft bei Ihnen nicht einfach ein Produkt, blendet Sie wieder aus und freut sich daheim über den Einkauf. Sie sind mit Ihrem „Produkt" untrennbar verbunden.

Wenn Sie dem Kunden nicht sympathisch sind beziehungsweise ihn nicht davon überzeugen können, dass Sie eine optimale Lösung für ihn haben, dann wird das nichts.

Wodurch entstehen eigentlich Sympathie und Antipathie? Sie begründen sich aus unserem Erfahrungsschatz. Menschen erinnern uns an irgendjemand anderen. An jemanden, mit dem wir schon einmal zu tun hatten. Über diese frühere Person in unserem Leben haben wir uns ein Urteil gebildet. Über die neue Person bilden wir uns häufig ein Vorurteil – und jetzt kommt es: Die stimmen so gut wie nie!

Es ist eine Verkäuferkrankheit, zu glauben, dass er weiß, was genau diese Person für ein Kunde sein wird – nur weil der eine einen Anzug trägt und der andere Shorts und Flip-Flops.

Tipp: Jeder von uns hat symbolisch gesprochen seine Kästchen und Schubladen im Gehirn, worin er meist unbewusst die Menschen einsortiert, die ihm so begegnen. Diese Kästchen und Schubladen symbolisieren Ihre Erfahrungen, die Sie im Umgang mit anderen Menschen gemacht haben. Manche würden Ihnen sagen: Schaffen

Sie die Kästchen und Schubladen ab. Ich hingegen wünsche Ihnen möglichst viele Kästchen und Schubladen, durch die Sie die Möglichkeit haben, Menschen zu beurteilen, denn Ihre Menschenkenntnis resultiert nun einmal aus diesen Erfahrungen. Kombinieren Sie Offenheit mit Erfahrung stets neu. Und noch etwas: Machen Sie von Zeit zu Zeit in Ihren „Kopfkommoden" Inventur. Sie werden so manche Überraschung erleben.

Kurz zusammengefasst: Gehen Sie bitte wert- und vorurteilsfrei auf Ihre Kunden zu. Jeder Interessent hat dieses Vorschussvertrauen verdient. Sehen Sie es als Herausforderung, gerade diesen Kunden zu betreuen, und wachsen Sie so in Ihrem Beruf.

Es sind nun einmal die Details und Kleinigkeiten, die uns vom Mitbewerber abheben. Stellen Sie sich vor, Sie sind der Kunde, Sie betreten ein Geschäft, ein Verkäufer lehnt in einer Ecke, spielt mit seinem Smartphone und grüßt Sie beiläufig mit: „Tag!"
Wie wertgeschätzt fühlen Sie sich in dieser Situation? Welchen Eindruck bekommen Sie vom Vertriebsmitarbeiter und seiner Motivation, Sie bei der Lösung Ihres Problems zu unterstützen? Genau, keinen guten. Nur zur Erinnerung: Er hat erst ein Wort gesagt, und dieses Wort war „Tag", nicht mehr und nicht weniger. Sie sind nicht nur der Mitarbeiter, Sie sind der Chef! Die Wirkung ist hier noch einmal um vieles stärker.
Hier eine wichtige Lehre: Die Präsentation in der Kommunikation siegt über den Inhalt. Wie wir etwas sagen (Augenkontakt, Körpersprache, Formulierung), steht mit dem Was (reiner Inhalt) in einem Verhältnis von 85 Prozent zu 15 Prozent. Die Botschaft ist auf den ersten Blick also gar nicht das Wichtigste. Viele, so habe ich den Eindruck gewonnen, hören Sie gar nicht. Sie achten viel eher auf das Gegenüber, das auf sie zukommt. Und vor allem darauf, wie es auf sie zukommt.

Sie gehen auf den Kunden zu!
Schleichen Sie sich bitte nie, nie, nie an den Kunden an. Sie sollen ihn nicht erschrecken, sondern ihm etwas verkaufen. Ich gehe jetzt davon aus, dass der Klient Sie in Ihren Geschäftsräumlichkeiten aufsucht. Sie haben gut sichtbar zu sein, der Kunde muss vom ersten Moment an den Eindruck haben: Das ist mein Ansprechpartner. Egal, was Sie gerade machen: Wenn ein Kunde den Raum betritt und Sie nicht gerade mit einem anderen Kunden

beschäftigt sind, dann hat sein Anliegen Priorität. Es gibt nichts Unhöflicheres, als einen Kunden zu ignorieren. Kommen Sie offen mit einer positiven Haltung auf ihn zu, lächeln Sie und grüßen Sie ihn bitte laut und vernehmbar. Am besten mit Händedruck und persönlicher Vorstellung. Sie schaffen so Verbindlichkeit und erfahren vielleicht gleich den Namen Ihres Gegenübers. Wenn Sie ihn erfahren, sprechen Sie den Kunden ab sofort nur noch mit seinem Namen an.

Du oder Sie?
Eine häufig gestellte Frage, ein vielfältig diskutiertes Thema. Es mag Branchen und Regionen geben, in denen das Du quasi zum guten Ton gehört. Ich selbst wohne im Umland von Wien in einem kleinen idyllischen Weinbaudorf. Hier sind alle per Du. In Wien sind prinzipiell fast alle per Sie. Meine Faustregel: Siezen Sie in der direkten, persönlichen Ansprache immer Ihren Kunden, weil dies eine verbindliche, sachliche Ebene schafft. Es gibt Menschen, die mit dem Du und der daraus resultierenden Informalität nicht umgehen können. So können Verkaufsgespräche sehr schnell ihren sachlichen Charakter verlieren. Also im Zweifel lieber siezen, denn es handelt sich um einen Geschäftskontakt und nicht um meinen potenziell neuen besten Freund.

Augenkontakt
Der Augenkontakt ist ein kulturelles Muss in Europa. Es gilt bei uns als unhöflich dem Gegenüber nicht in die Augen zu schauen. Aber Achtung, sollte Ihr Kunde sich dabei unwohlfühlen (z.B.: anderer Kulturkreis) unterlassen Sie das.
In allen anderen Fällen gilt, wer keinen Augenkontakt herstellen kann, will etwas vor uns verbergen. Wir wollen einen bestimmten, ehrlichen Blick von unserem Gegenüber. Ansonsten fühlen wir uns rasch unwohl. Ich kann mich noch an einen Kontakt in der Immobilienbranche erinnern: Der junge Mann kam immer auf einen zu, reichte die Hand, grüßte und schaute beim Grüßen weg. Immer zielgerichtet rechts an seinem Gegenüber vorbei. Die Wirkung ist zumindest eigenartig. Ich denke, es fehlte ihm damals das Selbstvertrauen, und ich denke, es fehlten ihm auch die Kunden. So ein Verhalten schafft kein Vertrauen beim Gegenüber. Wissen Sie, warum? Der Grund ist einfach: Wir können unsere Gestik kontrollieren, wir können lernen, unsere Mimik zu kontrollieren, aber wir können nicht lernen, unsere Augen zu kontrollieren. Sie sind das Spiegelbild unserer Seele. Darum will unser Gegenüber sie sehen. Ganz unbewusst.

Händedruck

Ich gebe meinen Kunden die Hand. Es schafft eine gewisse Verbindlichkeit und gehört einfach zu meiner Kinderstube. Ich bin der Meinung, dass eine gewisse Etikette zum Verkauf dazugehört. Der Händedruck ist in Europa kulturspezifisch, und ich hätte ein Problem damit, wenn man mir diesen verweigern würde. Der Händedruck sagt viel über uns Menschen aus. Ich meine: Hüten Sie sich vor den Extremen. Zerquetschen Sie dem Kunden nicht die Hand. Drücken Sie nicht zu lange oder zu kurz und bleiben Sie vor allem ordentlich vor dem Kunden stehen. In letzter Zeit fallen mir immer mehr Menschen auf, die während des Händedrucks bereits zur Flucht vor ihrem Gegenüber ansetzen. Zwei Dinge gehen beim Händeschütteln gar nicht. Das sind zum einen schweißnasse und zum anderen eiskalte Hände. Beides können Sie vermeiden. Tun Sie das einfach. Wenn Sie der Meinung sind, dass das nur winzig kleine Details sind, dann haben Sie recht. Aber genau auf diese und nur auf diese kommt es an. Denn dass der Grundstock Ihrer Persönlichkeit stimmig und für den Verkauf geeignet ist, das setze ich voraus.

Tipp: Es hört sich wahrscheinlich altmodisch an, aber es ist mir ein echtes Anliegen. Ich sehe immer mehr Verkaufsszenarien, bei denen ich den Eindruck bekomme, dass es den Verkäufern an Manieren fehlt. Gute Manieren erleichtern unser Zusammenleben und zeigen unserem Gegenüber unsere Wertschätzung. Ich bin der Meinung, dass jeder Kunde – und zwar wirklich jeder – von Ihnen Wertschätzung zu erfahren hat. Denn er ist der Mensch, der uns als selbstständige Dienstleister erfolgreich macht. Nur dank ihm können wir selbstständig sein. Für mich ist es Grundvoraussetzung, meine Kunden wertzuschätzen. Dazu gehören auch die Kleinigkeiten, wie jemandem die Tür aufzuhalten und beim Geschäftsessen mit den grundlegenden Fragen der Etikette vertraut zu sein. Sollten Sie mit diesen Dingen nicht vertraut sein, dann holen Sie das bitte schnell nach. Es wird Ihren Erfolg maßgeblich steigern.

Körpersprache

Ein nahezu unendliches Thema: Darf ich gestikulieren? Wenn ja, wieviel? Was soll ich mir an- oder abgewöhnen?

Lassen Sie uns das anders angehen. Unsere Kommunikation besteht aus verbalen und nonverbalen Elementen, wobei letztere meistens sehr stark unterschätzt werden. Wenn wir sie herunterbrechen wollen, dann haben wir hier Sprache, Mimik und Gestik. Wann sind diese Elemente immer im Einklang? Wenn wir uns wohlfühlen und die Wahrheit sagen.

Wenn Sie sich unwohl fühlen, weil Sie vor einem Termin nervös sind, dann überträgt sich das nicht nur auf Ihre Sprache in Form einer zittrigen Aussprache, sondern auch auf Ihre Körpersprache. Sie stehen oder sitzen verkrampft da, vielleicht in einer Position, aus der Sie gleich wegstarten möchten. Sie können kaum Blickkontakt halten und flüchten sich in Ersatzhandlungen. Vielleicht beginnen Sie auch zu stottern. Der Kunde kauft beim Sieger! Reißen Sie sich zusammen, schaffen Sie sich ein positives Mindset und achten Sie gerade als Anfänger auf folgende Dinge:

- Reden Sie bewusst ein wenig langsamer, als Sie es normalerweise tun. Sie werden durch Ihre Nervosität automatisch wieder schneller.
- Halten Sie Augenkontakt.
- Achten Sie auf eine aufrechte Haltung, dies wirkt selbstsicher.
- Stellen Sie Fragen, Fragen, Fragen und machen Sie sich Notizen (wenn Ihre Dienstleistung sehr beratungsintensiv ist), dann sind Ihre Hände beschäftigt. Sie haben Ihre Hände nie in der Hosentasche!
- Wenn Sie beide Hände frei haben, halten Sie sie im Bereich zwischen Gürtel und Brustkorb und unterstützen mit Ihrer Gestik das gesprochene Wort. Wenn Sie mit sich im Reinen sind, passen Sprache und Körpersprache ohnehin zusammen.
- Stehen Sie mit den Beinen nicht überkreuz.
- Richten Sie sich ordentlich in Blickrichtung zum Kunden aus und kontrollieren Sie, ob Ihr ganzer Körper dem Kunden zugewandt ist. Alles andere deutet auf versuchte Flucht und Angst hin.
- Ihre Mimik beim Erstkontakt? Ein Lächeln, einfach nur ein Lächeln.

Sie werden Ihr erstes Verkaufsgespräch wohl nie vergessen, aber spätestens beim zwanzigsten ist alles nicht mehr so schlimm, wie es am Anfang ausgesehen hat.

So, jetzt zur wichtigsten Erkenntnis zum Thema Körpersprache: Achten Sie nicht vorwiegend auf die Ihre, sondern auf die des Kunden. Wie reagiert er auf Ihre Aussagen? Erzählt er Ihnen die ganze Wahrheit oder haben Sie den Eindruck, dass er mit manchen Dingen hinter dem Berg hält? War da so ein leichtes Zucken, als Sie den Preis nannten?

Ich persönlich bin der Meinung, dass Sie hier wieder Sprache, Körpersprache und Mimik als Gemeinsamkeit im Auge haben müssen. Je besser Sie Ihr Gegenüber kennen, umso besser werden Sie es analysieren können. Ich halte es für unabdingbar, den Gefühlszustand des Kunden festzustellen. Der Kunde muss sich wohlfühlen. Er soll gerne bei mir kaufen und noch lieber wiederkommen. Ich persönlich achte stark auf die Augen, weil sie sehr viel über den Gemütszustand verraten. Wenn Sie ordentlich Blickkontakt halten und wirklich zuhören, werden Sie mehr erfahren als 90 Prozent der anderen.

Faktum ist: Sein Gegenüber lesen zu können und eine dementsprechende Menschenkenntnis zu entwickeln dauert Jahre. Mehr als einmal werden Sie sich irren. Ich halte es für ein sehr spannendes Thema, sehe hier aber besser Berufene als mich. Meine großen Favoriten zum Thema Körpersprache sind Samy Molcho und Stefan Verra. Sie sind aus meiner Sicht die führenden Experten im deutschen Sprachraum. Außerdem sind beide ein wunderbares Beispiel, wie man als Dienstleister durch Positionierung und echte Expertise Top-Erfolge erzielen kann.

Verbale Kommunikation – ein Versuch

Ich habe bewusst die Körpersprache vor die Sprache gestellt. Denn das, was wir sagen, ist viel weniger wichtig als das, wie wir es sagen. Gerade beim Erstkontakt! Unser Kunde hat uns sogar schon beurteilt, bevor wir etwas sagen. Es gibt unterschiedlichste Studien, die das Verhältnis von verbaler und nonverbaler Kommunikation beurteilen (Zur Erinnerung: etwa 15 Prozent verbal zu 85 Prozent nonverbal). Somit könnten wir schon fast behaupten, dass ohnehin niemand dem anderen zuhört. Ganz so schlimm ist es nicht. Der Mensch denkt nun einmal zehnmal schneller, als er spricht. Ich weiß, bei manchen Menschen hat man das Gefühl, es wäre anders herum. Aber was bedeutet das für unsere Kommunikation?

Unser Gegenüber hört ein Reizwort, einen Begriff, aber sind wir wirklich gute Verkäufer, dann lassen wir ein Bild in seinem Kopf entstehen. Einen kleinen Film, wie er sich wohl und entspannt fühlt, nachdem er Ihre Dienstleistung in Anspruch genommen hat.

Beispiel Heilmasseur: „Stellen Sie sich vor, Sie liegen ganz entspannt auf der Liege. Entspannungsmusik begleitet meine Massage. Ich beginne die Verspannungen in Ihren Schultern durch meine spezielle Massagetechnik zu lösen. Nach wenigen Minuten lässt der Schmerz bereits merklich nach. Dann ist er ganz weg. Sie können endlich Ihre Schultern wieder fallen lassen, ohne

Schmerzen zu haben. Sie atmen frei durch, und nichts, aber auch gar nichts tut Ihnen weh. Sie sind vollends entspannt."

Also: Jetzt ist er weg, er ist in einer „besseren Welt". Gratuliere, das mit dem Bild im Kopf hat schon geklappt. Sie müssen jetzt nur aufhören, ihn zuzutexten.

Holen Sie ihn mit einer Frage zurück! Er muss in einen aktiven Part kommen und reden. Dann wissen Sie auch, wie viel er gehört hat und was nicht hängengeblieben ist.

So, jetzt Achtung! Nicht vom Kunden wegträumen. Wenn der Kunde jetzt etwas erzählt, was vielleicht schon in Richtung Bedarfsermittlung geht, genau zuhören. Hinterfragen und das vom Kunden Gesagte zusammenfassen. So sehen Sie, ob Sie den Kunden richtig verstanden haben oder eben nicht. Wichtig! Denken Sie nicht, wie Sie das tun würden, sondern versetzen Sie sich in den Kunden. Fragen Sie ihn, warum er Lösung A gegenüber Lösung B präferiert. Nur so lernen Sie ihn kennen. Sie können ihn niemals optimal zufriedenstellen, wenn Sie nicht so viel wie möglich über ihn und seine Lebensumstände, Glaubenssätze und Bedürfnisse erfahren.

Tipp: Machen Sie sich immer Notizen bei oder nach Ihren Gesprächen. Manche glauben, das waren nur Kleinigkeiten. Stimmt, aber genau die entscheiden über Ihren Verkaufserfolg! Jeder Mensch will persönlich und wertschätzend behandelt werden. Sie wissen beim nächsten Mal noch, wie Ihr Kunde heißt, welches Ihrer Angebote er aus welchen Gründen bevorzugt und welchen Nutzen er aus Ihnen zieht. Sie werden ihm Vorschläge machen können, die auf seiner Wellenlänge sind, denn Sie sind auf seiner Wellenlänge. Und jetzt frage ich Sie: Warum sollte er dann woanders kaufen wollen? Genau dadurch kommen Sie näher an Ihre Zielgruppe (siehe Teil I) und können Ihr Angebot anhand der gewonnenen Kundenwünsche qualitativ weiterentwickeln. Sie wandern im Erfolgs-Tetraeder weiter nach oben.

Ihre Stimme – damit ist alles in Ordnung!
Vielleicht kennen Sie das von irgendwelchen Rhetorikseminaren: Sie halten einen kleinen Vortrag, werden gefilmt – und dann hören Sie Ihre eigene Stimme. Ich sag es Ihnen ganz ehrlich: Ich mag meine nicht so besonders. Doch, und das war die wohl beste Aussage der Trainerin damals: „Ärgert euch nicht über eure äußere Stimme, alle anderen kennen euch nur so. Das ist voll in Ordnung." Ich

bin bis heute dabei geblieben, es ist voll in Ordnung. Sollten Sie bei Ihrer Stimme nicht dieser Meinung sein, dann absolvieren Sie ein Stimmtraining und ändern Sie den Aspekt, der Sie stört. Für alle anderen ist Ihre Stimme voll in Ordnung! So viel zur Grundvoraussetzung Stimme. Jetzt wollen Sie diese aber auch benutzen. Betonen Sie ordentlich und geben Sie Ihren Aussagen durch die Betonung Nachdruck. Sie stellen Fragen und warten auf die Antwort. Sie fragen nach. Sie schreien nicht herum, sondern reden vielleicht sogar einen Tick leiser als der Durchschnitt. Sie werden vielleicht einmal ein wenig lauter, weil Sie einen Scherz eingebaut haben. Sie reden mit Kunden, die Sie sehr zaghaft ansprechen, vorsichtiger und milder. Mit denen, die vorpreschen und forsch auftreten, bestimmter. Sie stellen sich auf Ihr Gegenüber ein, denn Sie sind in der Verantwortung. Jetzt heißt es nur noch ausprobieren, ausprobieren und ausprobieren. Sie finden Ihren Stil!

Tipp: Wenn Sie mit sich zufrieden sind, übertragen Sie das automatisch auf Ihr Gegenüber. Sie wirken selbstsicher und überzeugend.

Sprache und Artikulieren

„Der Ton macht die Musik." „Man kann fast alles sagen, die Frage ist, wie." „Wie Sie in den Wald hineinrufen, so kommt es vom Kunden zurück."
Das sind nur ein paar Zitate, die mir zu diesem Thema einfallen. Es kann durchaus Probleme bereiten, stets den richtigen Ton zu treffen. Sie wissen nicht, worauf ein Neukunde sensibel, negativ oder überaus positiv reagiert. Sie müssen ihn erst kennenlernen. Und genau das empfehle ich Ihnen. Tasten Sie sich heran. Seien Sie dabei stets höflich und wählen Sie eine für Ihr Geschäft angepasste Sprache. Wenn Sie Weiterbildungen und Seminare verkaufen, ist die Erwartungshaltung Ihres Kunden eine andere, als wenn Sie am Würstelstand Käsekrainer und „Blechweckerl" (Wiener Ausdruck für Dosenbier) „verchecken". Stellen Sie sich umgekehrt eine alte Wiener Standlerin als Telefonistin im Weiterbildungsinstitut vor. Das wird wohl nichts. Das heißt, Sie müssen sprachlich zur Dienstleistung, zur Atmosphäre und zum Kunden passen. Wie werden Sie den Kunden einschätzen? Na klar, nach Ihrem ersten Eindruck. Kommt da jemand mit Anzug und Krawatte, einer mit Jeans und Pulli oder jemand im Arbeitsgewand. Sofort gehen im Kopf die Schubladen auf und wir versuchen einzusortieren. Wir messen nach der Kleidung und spielen das ewig alte Spiel „drüber oder drunter". Ich meine damit: Befindet sich mein Gegenüber sozial über oder unter mir. So, an dieser Stelle ist Schluss mit dieser Überlegung.

Machen Sie sich stets bewusst, dass es völlig egal ist, ob Ihr Kunde Anzug, Jeans oder Arbeitskleidung trägt. Er ist Ihr Kunde und steht im Mittelpunkt. Sprechen Sie ihn wohlwollend und höflich an und bringen Sie in Erfahrung, welchen Bedarf er hat. Dabei stellen Sie ohnehin Fragen. Wenn Ihr Kunde in geschliffenstem und schönstem Deutsch antwortet, dann rate ich Ihnen, sich sprachlich auch auf dieses Niveau zu begeben, also zu spiegeln. (Wir hatten das mit dem Spiegeln schon: Verhalten, Körperhaltung, Sprache – dies schafft Gemeinsamkeiten, und das ist gut so.)

Falls sich Ihr Kunde eher einfach artikuliert, dann gehen Sie sprachlich auf ihn ein. Wenn er Migrationshintergrund hat und Ihre Sprache nur mittelmäßig spricht, dann verwenden Sie einen eher einfachen Satzbau sowie schlichteres Vokabular.

Bitte tun Sie Ihrem Gegenüber noch folgenden Gefallen: Verwenden Sie keine fachspezifischen Ausdrücke gegenüber Laien, wenn Sie diese nicht erklären. Ihr Gegenüber wird beim dritten Wort, das er nicht versteht, ganz bestimmt nicht mehr nachfragen. Aber ganz eifrig nicken und dann versuchen, endlich hier wegzukommen. Sparen Sie bitte alle Abkürzungen ein. Erklären Sie die Begriffe, wenn notwendig, oder lassen Sie sie weg.

In jedem Fall gilt, dass Sie wertschätzend mit dem Kunden sprechen. Sie führen das Gespräch mit dem Kunden. Seien Sie sich der Aussage dieses Satzes bewusst: SIE FÜHREN DAS GESPRÄCH MIT DEM KUNDEN. Nicht der Kunde mit Ihnen. Sie sind in der höheren Verantwortung. Wenn die Kommunikation nicht funktioniert: Wer ist Ihrer Meinung nach in der hauptsächlichen Verantwortung? Sie, der Verkäufer! Nicht der Kunde. Werden Sie dabei Fehler machen? Ist das okay? Definitiv. Solange Sie stets daran arbeiten, sich zu verbessern, sind Fehler und Ausprobieren jederzeit erlaubt. Wenn Sie Ihrem Kunden mit echter und nicht gespielter Wertschätzung gegenübertreten, dann werden Sie erfolgreich sein.

Tipp: In der Kommunikation mit dem Kunden:
- Klare Sprache (keine Abkürzungen, kein Fachchinesisch)
- Keine Arroganz
- Klare Aussagen
- Auf den Kunden angepasste Sprache
- Sie geben die Richtung vor
- Echte Wertschätzung

Dann kann nichts mehr schiefgehen!

Abschließend will ich noch anmerken, dass die Art und Weise, wie Sie mit jemandem auf allen Ebenen kommunizieren, das Spiegelbild Ihrer Einstellung ihm gegenüber ist. Ich achte sehr stark darauf, wie jemand mit mir spricht. Das Was tritt dabei in den Hintergrund. Wie Sie privat mit jemandem kommunizieren, ist Ihre Sache, aber Ihrem Kunden gegenüber haben Sie Respekt zu erweisen. Ich für meinen Teil respektiere die Menschen um mich herum und verlange dasselbe von ihnen. In fast allen Fällen erfüllt sich diese Erwartung. Glauben Sie, dass das Zufall ist?

Auftreten und Bekleidung
Ich habe dieses Thema schon zuvor kurz angesprochen, will es aber an dieser Stelle noch einmal etwas intensiver aufgreifen. Gibt es aufgrund Ihrer Dienstleistung eine genau beschriebene Dienstkleidung? Wenn ja, dann halten Sie sich daran. Wenn Sie Physiotherapeutin sind, wird Ihr Kunde Sie wohl sportlich gekleidet erwarten. Wenn Sie Anwalt sind, werden Sie bei Mandantenkontakt im Anzug unterwegs sein etc. Es gibt nun einmal gewisse Erwartungshaltungen des Kunden an einzelne Berufe. Sie treten leichter mit ihm in Kontakt, wenn Sie diese erfüllen. Für alle anderen gilt, sich dem Anlass entsprechend zu kleiden, gerne mit individueller Note. Wovon hängt die adäquate Kleidung ab?
Der wichtigste Faktor ist aus meiner Sicht die Kundenerwartung. Gehe ich als Kunde über den Wochenmarkt nahe meiner alten Wohnung, dann erwarte ich nicht, dass mich der Gemüsehändler mit Anzug und Krawatte bedient. Ich wäre aber schockiert, wenn der Fleischhändler keine saubere weiße Schürze hätte. Ich erwarte von dem Typen, der den Honig verkauft, seinen klassischen Look mit Jeans und Pullover, er ist nun mal so, wie er ist – ein Original. Sobald ich mich in eines der kleinen Lokale dort setze, erwarte ich jedoch, an der Kleidung zu erkennen, bei wem ich hier bestellen kann. Sie sehen schon: ein und derselbe Ort, aus dem täglichen Leben gegriffen – und doch, quasi von „Standl zu Standl", eine andere Erwartungshaltung.
Warum müssen wir als Verkäufer auf diese Erwartungshaltung eingehen? Ganz einfach: Sie ist mit unserer Dienstleistung verbunden und verleiht uns so automatisch Authentizität. Jeder von uns ist bis zu einem gewissen Grad ein „Gewohnheitstier", und das bedeutet, dass wir uns von Gewohnheiten leiten lassen. Dazu gehört aber auch, dass wir Gewohntes in gewissen Situationen erwarten, ansonsten werden wir misstrauisch. Das gilt auch für unsere Kunden.

Stellen Sie sich vor, Sie gehen in eine Bank, und alle dort haben die Bekleidung von Fleischhackern an und reden auch so! Bei der Kreditanfrage fragt der Kerl mit den Blutspritzern auf der weißen Schürze: „Darf's ein bisserl mehr sein?" Die Dame am Schalter mit dem hygienischen Haarnetz erklärt Ihnen, dass heute Bausparverträge im Sonderangebot sind, und der Kerl, der den Pensionisten erklärt, wo die Karte in den Automaten gehört, schimpft lauthals über Veganer und EU-Richtlinien.

Sie halten das für überzeichnet? Das hoffe ich doch! Fakt ist: Ich will Ihnen mit diesem kleinen Beispiel aufzeigen, worum es geht:

a) Der Kunde muss Sie als Ansprechpartner eindeutig wahrnehmen können.
Ich habe das im Fertighauspark oft erlebt, dass sich die Kleidung der Kollegen in den Sommermonaten oft jener der Kunden angepasst hat. Nur dass der Kunde hier Freizeit verbringt und wir hier gearbeitet haben. Es kamen oft Interessenten zu mir, die meinten: „Schön, Sie erkennt man wenigstens. Bei den anderen weiß man das oft gar nicht, wer der Verkäufer ist!"

b) Sie müssen zur Dienstleistung passen.
Auch hier geht es um Konnotationen, die vom Kunden kommen. Bankmitarbeiter haben Anzug bzw. Kostüm, Fleischhacker einen Schurz etc. Es geht darum, dass Ihnen der Kunde Ihr Produkt bzw. ihre Dienstleistung „glaubt" und sich von Ihnen angesprochen fühlt. Stellen Sie sich einen Verkäufer in einem Geschäft für hochpreisige klassische Herrenmode vor, der Sie im Jogginganzug empfängt! Danke, nein! ist wohl die erste Reaktion. Wenn er mich beraten können soll, muss er mir doch vorerst schon mal beweisen, dass er sich selbst auch entsprechend kleiden kann!

c) Grundanspruch Sauberkeit!
Die Kleidung inklusive Schuhwerk, Accessoires und Körperhygiene eines Menschen im Vertrieb hat in tadellosem Zustand zu sein. Ich weiß, es wird für manchen skurril klingen, aber es ist heute leider nicht mehr selbstverständlich, dass das jedem Menschen mit Kundenkontakt von vornherein klar ist. Leider nein! Ein weiteres

leidiges Thema sind Accessoires. Die schöne Herrenuhr oder ein Paar Ohrringe stören niemanden.

Aus meiner Sicht ist es ganz einfach: Sie wollen doch verkaufen, oder? Das ist ein wenig wie Flirten. Sie haben sich Ihre Branche und somit Ihre Zielgruppe selbst ausgesucht. Das gilt eben auch für potenzielle Partner im Privatleben. Egal ob Sie den Menschen fürs Leben oder den Kunden gewinnen wollen, machen Sie eine Sache mit Sicherheit identisch: Sie werden versuchen, einen möglichst guten ersten Eindruck zu hinterlassen. Sonst ist die Sache in vielen Fällen schon vorbei, bevor sie begonnen hat. Also erhöhen Sie Ihre Chancen!

d) Seien Sie anders!

Das ist einer der Werbesprüche unserer Firma. Wir kleben ihn auf unsere Honiggläser und andere Give-aways. Was meine ich damit? Lassen Sie uns gleich an den vorherigen Punkt anschließen. Ich kleide und präsentiere mich so, dass ich meiner potenziellen Zielgruppe gefalle. Das ist die Grundvoraussetzung. Der nächste Schritt ist, ich differenziere mich innerhalb des Rahmens, schlicht um wiedererkannt zu werden. Wiedererkennungswert, Alleinstellungsmerkmal – alles klassische Begriffe aus dem Marketing. Das gilt nicht nur für Ihre Dienstleistung, das gilt auch für Sie. Schließlich sind Sie mit ihr untrennbar verbunden.

e) Das Sahnehäubchen: ein persönliches Attribut.

Wenn ich zum Kunden gehe, dann habe ich immer ein Glas Honig dabei. Warum? Weil ich genau diese Kundenreaktion haben will: „Ah, das sind die, die den Honig verschenken. Ich glaube, die machen den selbst!" Wer schenkt Ihnen Honig, wenn Sie ein Verkaufsseminar buchen wollen? Ich! Warum? Weil Sie es sich merken werden. Weil unser Honig in extrem vielen Fällen mit nach Hause kommt. Weil er am Frühstückstisch landet. Was können Sie dort lesen? Unseren Werbespruch! Sie können mit Ihrem Partner über den komischen Vogel quatschen, der den verschenkt: „Die machen den selbst, weil ihnen der Erhalt der Bienen ein echtes Anliegen ist." Das ist mehr als ein Werbegeschenk – das ist ein persönliches Attribut. Ich sage nur: Seien Sie anders!

Schritt 3: Bedarfsermittlung

Die Frage, die uns beschäftigt, ist: Was will der Kunde?
Hier eine ehrliche Antwort: Der weiß es in sehr, sehr vielen Fällen auch noch nicht! Und das ist unsere große Chance.
Jetzt Ihre erste Aufgabe als Verkäufer: Sie begleiten und leiten ihn auf dem Prozess, genau das herauszufinden.
Und dann noch die zweite Aufgabe: Nicht nur der Kunde will etwas, sondern auch Sie als selbstständiger Dienstleister. – Sie tauschen Vertrauen und Dienstleistung gegen Geld! So einfach ist das. Ich will Ihnen hier aufzeigen, dass zur Bedarfsklärung zwei gehören. Sie müssen das Budget des Kunden herausfinden und im Auge behalten. Sonst haben am Ende beide nichts, außer verlorene Zeit.

Achtung! Jetzt ein wichtiger Tipp: Nur weil jemand auf Grund seines Budgets oder irgendeiner anderen Begründung nicht in unser Bild passt, wird er nicht von oben herab behandelt. Nie, nie, nie. Auch wenn sein Auftritt zugegebenermaßen verfehlt war, machen Sie als Verkäufer nie denselben Fehler. Sie bleiben sachlich, Sie zahlen nicht mit gleicher Münze zurück. Das erwarte ich von Ihnen als Profi. Warum? Ganz einfach: Der Nichtkunde von heute kann morgen oder übermorgen immer noch zum Kunden werden. Selbst wenn dieser Fall nicht eintritt, kennt er vielleicht potenzielle Kunden. Ihr Verhalten wird wohl entscheidend sein, ob und wie er bei denen über Sie sprechen wird.

Die Frage aller Fragen: Warum kauft der Kunde überhaupt?

<u>Bedürfnis, Bedarf und Nachfrage – Kundenmotivationen für die Kaufentscheidung</u>

Ich habe diese paar Seiten bewusst hier im Verkaufsablauf eingeschoben, weil ich mir für Sie wünsche, dass Ihnen klar ist, was Ihre Kunden zum Kauf Ihrer Dienstleistungen motiviert.
Bedürfnisse im ökonomischen Sinn können durch Güter und Dienstleistungen befriedigt werden. Wie entstehen diese Bedürfnisse? Häufig durch klassische Werbung. Durch die Zugehörigkeit zu einer sozialen Gruppe. Durch Influencer im Internet. Durch eigene Überlegungen etc.

Wenn jetzt eine Person zwar das Bedürfnis nach Ihrer Dienstleistung hat, jedoch nicht die dafür notwendigen Mittel, dann wird das Bedürfnis nicht zum Bedarf. Dies ist erst dann der Fall, wenn auch die finanziellen Mittel parat sind. Dann ist das Bedürfnis zum Bedarf geworden. Ab diesem Punkt arbeiten wir daran, dass aus dem Bedarf Nachfrage entsteht. Dass also unser Interessent zu unserem Kunden wird. Geld gegen Dienstleistung, das alte Gesetz des Marktes.
Bevor Sie an die Bedarfsermittlung gehen, sollten Sie sich darüber im Klaren sein, wie dieser beim Kunden entsteht.

Bedürfnispyramide nach Maslow, Mangel- und Wachstumsbedürfnisse

Die Frage, die Sie in diesem Fall für sich selbst klären müssen, ist, welches Bedürfnis bzw. welche Bedürfnisse Sie mit Ihrer Dienstleistung ansprechen. Lassen Sie uns zu diesem Zweck die Bedürfnispyramide durchgehen. Auf der untersten Ebene befinden sich die Grundbedürfnisse. In vielen Fällen findet sich hier als Beispiel Essen. Das ist aus meiner Sicht falsch und für unsere Zwecke zu ungenau. Das Bedürfnis, das der Kunde verspürt, wenn er Hunger hat, ist die Sättigung; der Bedarf ist, etwas zu essen zu haben, was durch seine finanziellen Mittel möglich ist. Und würde der Kunde dies genau bei Ihnen erwerben, dann ist das die Nachfrage.

TEIL II: Verkauf

Was passiert mit Ihnen, wenn Sie Hunger haben? Sie haben ein Hungergefühl. Das schickt Ihnen in diesem Fall Ihr Körper ans Gehirn. Sollten Sie länger nichts dagegen tun, dann wird aus diesem Hungergefühl eine Emotion. Sie werden vermutlich übellaunig, können sich nicht mehr so gut konzentrieren, Ihr Magen meldet sich, und das Bedürfnis nach Sättigung steigt. Darum müssen wir folgende Punkte im Marketing beachten:

Emotion: Üble Laune, schlechte Konzentration ...
Gefühl: Hungergefühl, flaues Gefühl im Magen ...
Bedürfnis: Sättigung
Bedarf: Hoffentlich genügend Geld für Essen
Nachfrage: Kunde kauft beispielsweise bei Ihrem Lieferservice

Beim Verkauf unserer Dienstleistung gibt es zwei Möglichkeiten der Kundenansprache: Entweder hat der Kunde schon das Bedürfnis und auch der Bedarf ist gegeben, dann wird das Verkaufsgespräch wohl kurz. Der Kunde wählt aus Ihrem Angebot, und somit ist die Nachfrage erfüllt. Gratulation, Sie haben verkauft. Man spricht in diesem Fall von Bedarfsdeckung. In vielen Fällen ist es jedoch andersherum. Das bedeutet, Sie müssen das Bedürfnis für Ihre Dienstleistung erst beim zahlungsfähigen Kunden wecken. Man spricht hier auch von Bedarfsweckung.

In diesem Fall müssen Sie ein Bedürfnis im Kunden wecken. Das geht am besten über Gefühle und Emotionen. Darum müssen Sie sich in Ihren Kunden hineindenken und überlegen, welche Gefühle und Emotionen Ihre Dienstleistung beim Kunden anspricht.

Lassen Sie uns ein weiteres Beispiel zu den Bedürfnissen ansehen, in diesem Fall das Sicherheitsbedürfnis. Gehen wir davon aus, Sie sind Versicherungsmakler und optimieren für Ihre Kunden den Versicherungsschutz. Nehmen wir als einfaches Beispiel eine Feuerversicherung für ein neues Eigenheim. Dann sieht die Aufstellung folgendermaßen aus:

Emotion: Angst (= Mangel an Sicherheit), nicht kalkulierbares Risiko (aus Kundensicht)
Gefühl: Befürchtung, das Eigenheim durch Feuer zu verlieren, Existenzbedrohung, bis hin zur Angst
Bedürfnis: Sicherheit für das Eigenheim des Kunden
Bedarf: Versicherungsschutz

Nachfrage:	Feuerversicherung auf Neuwertbasis der XY-Versicherung (weil diese das beste Preis-Leistungs-Verhältnis für den Kunden erbringt)

Auch bei dieser Stufe verspürt der Kunde einen Mangel, im konkreten Fall an Sicherheit. Ihre Dienstleistung kann ihm helfen, diesen Mangel zum bestmöglichen Preis-Leistungs-Verhältnis zu beseitigen. Das ist Ihre Aufgabe als Verkäufer (z.B. Versicherungsmakler). Ich möchte an dieser Stelle kurz anmerken, dass ich kein Freund der Angstwerbung bin, ganz im Gegenteil. Stellen Sie auch diese Dinge dem Kunden positiv dar. Sie können ihm dieses Risiko durch einen verhältnismäßig preisgünstigen Vertrag (gemessen an der Schadenssumme, nicht unbedingt am Eintrittsrisiko) nehmen. Erzeugen Sie eine positive Emotion beim Kunden.

Lassen Sie uns gemeinsam die nächste Stufe von Maslows Pyramide erklettern – die sozialen Bedürfnisse. Auf dieser Ebene geht es um Freundschaften, Gruppenzugehörigkeit, soziale Interaktion etc. Jede soziale Gruppe hat ihre eigenen Ausdrucksformen, die auf Wertvorstellungen basieren. Darum wiederum mein Rat: Studieren Sie Ihre Zielgruppe ganz genau. Was halten Ihre Kunden für richtig und falsch, was halten sie für modisch, erstrebenswert, wie definieren sie Erfolg? Der trendige Haarschnitt beim Friseur, Pediküre, Maniküre, die Architektenplanung für das neue Eigenheim ...
Bleiben wir beim Architekten. Sie sind Architekt, und Ihr Kundenpärchen entstammt der oberen Mittelschicht. Beide haben studiert und gute Jobs in der mittleren Leitungsebene. Ihr oberstes Sparziel ist das Eigenheim. Dieses soll individualisiert und dem Zeitgeist entsprechend modern sein. Das Haus soll also den sozialen Status wie auch die „modern-progressive" Grundeinstellung der Bewohner widerspiegeln. Außerdem soll es etwas Außergewöhnliches bieten, was im Freundeskreis noch keiner hat und was die Aufmerksamkeit auf die Eigentümer zieht. In diesem Fall können wir sicher schon über mehrere Bedürfnisse bzw. Bedürfnisgruppen sprechen. Hier kann die Aufstellung folgende Formen annehmen:

Emotion:	Freude, Stolz
Gefühl:	Freude, Anerkennung, Bewunderung, Sicherheit
Bedürfnisse:	Grundbedürfnis nach „wetterfestem Wohnraum". Sicherheitsbedürfnis, denn: „Irgendwann gehört das Haus uns, und wir brauchen keine Miete mehr zu bezahlen."

TEIL II: Verkauf

	Soziale Bedürfnisse, da wir ein unserer gesellschaftlichen Stellung entsprechendes Eigenheim haben oder unseren Freundeskreis dadurch sogar „überflügeln".
Bedarf:	Ich-Bedürfnis: Wir haben mehr als die anderen Architektenplanung einer Einzelanfertigung, deren praktische Realisierung im Kundenbudget liegt
Nachfrage:	Sie als Architekt haben sich auf diese Zielgruppe aus der oberen Mittelschicht spezialisiert und planen hochattraktive Gewerke, die praktische Funktionalität und das Kundenbedürfnis nach zeitgemäßer Individualität vereinen

Sie sehen schon, hier haben wir nicht mehr nur ein Bedürfnis wie bei reinen Grundbedürfnissen. Hier sind einige Bedürfnisebenen schon miteinander verbunden. Wovon hängt es in diesem Fall ab, ob sich der Kunde für Sie entscheidet? Sie müssen mit Ihrer Dienstleistung, in diesem Fall mit der Planung eines modernen Hauses, den Weg durch die Bedürfnispyramide schaffen. Das bedeutet in diesem Fall:

- Ihr Entwurf muss technisch umsetzbar sein (Grundbedürfnis)
- Das Gebäude muss im Rahmen des Kundenbudgets fertiggestellt werden können (Sicherheitsbedürfnis), denn der Kunde will nicht nur Ihren Entwurf, sondern in weiterer Folge ein fertiges Eigenheim
- Ihre Planung muss in Funktion und Design den Vorstellungen entsprechen (soziales Bedürfnis)
- Sie schaffen es, individuelle Bedürfnisse Ihres Kundenpärchens so weit einfließen zu lassen, dass Ihr Entwurf das Prädikat „einzigartig individuell" verdient (Ich-Bedürfnis)

Im Verkauf und in der Kundenberatung ist es nun entscheidend, dass Sie bei den oberen Bedürfnissen und nicht beim Grundbedürfnis beginnen. Warum? Nun, wenn Sie Architekt sind, wird der Interessent wohl davon ausgehen, dass das, was Sie zeichnen, technisch umsetzbar ist. Sie müssen ihn aber überzeugen, dass das Gewerk auf alle Fälle die sozialen und die Ich-Bedürfnisse erfüllt, denn darin liegt in diesem Beispiel das Hauptaugenmerk der Kunden. Das ist die entscheidende Nutzengruppe für unser Beispielpär-

chen. Grundnutzen: der sozialen Gruppe entsprechendes Eigenheim; Zusatznutzen: die soziale Gruppe sogar (teilweise) überflügeln. Beginnen Sie bei solchen Verkaufssituationen immer mit dem Zusatznutzen, der wird in den meisten Fällen Ihr Zugpferd sein.
Wir haben bei diesem Beispiel mit dem Zusatznutzen auch schon ein wenig die Grenze zu den Ich-Bedürfnissen hin nach Anerkennung durch das eigene Umfeld überschritten. Viele Kunden wollen dies mit Statussymbolen erreichen. Andere wiederum mit herausragenden persönlichen Leistungen. Hier gibt es kein Besser oder Schlechter. Hüten Sie sich vor der Bewertung der Wertvorstellungen Ihrer Kunden. Akzeptieren Sie diese, denn sie sind die Entscheidung Ihrer Kunden, und sprechen Sie die richtigen Emotionen an, um Ihre Kunden von sich zu überzeugen.

Bei den ersten drei Stufen – Grundbedürfnisse, Sicherheitsbedürfnisse und soziale Bedürfnisse – spricht man auch von Mangelbedürfnissen. Das bedeutet, dem Kunden fehlt etwas, und Ihre Dienstleistung stopft diese Lücke. Der Kunde will bei all diesen Bedürfnissen etwas haben, damit es ihm besser geht.
Bei den letzten beiden Stufen geht es in der Regel nicht mehr um das Haben, sondern um das Sein. Der Kunde befindet sich im persönlichen Wachstum und will dabei Unterstützung. Ich will Ihnen die letzten beiden Bedürfnisse anhand des Buches erklären, das Sie gerade lesen:
Sie haben eine Geschäftsidee und wollen persönliche Dienstleistungen erbringen. Sie sind Experte in Ihrem Fachgebiet, aber kein klassischer Verkäufertyp. Sie suchen nach fremder Hilfe und kaufen dieses Buch. Es hilft Ihnen auf Ihrem persönlichen Weg zum Erfolg. Lassen Sie uns einen Blick auf die Aufstellung werfen.

Emotion:	Neugierde, Hilfesuche
Gefühl:	Überforderung mit Marketing und Vertrieb, Verwirrung, Unbeholfenheit, Sorge um die Umsetzung Ihres Wunsches nach Selbstständigkeit, Interesse …
Bedürfnisse:	Ich-Bedürfnisse nach Selbstständigkeit, Anerkennung, beruflicher Erfolg, den Ihre Kunden Ihnen bestätigen … Selbstverwirklichung: in weiterer Folge den Sprung vom Selbstständigen zum Unternehmer schaffen; Dienstleistungen und Produkte kreieren, die Ihren Expertenstatus untermauern und Ihnen ein finanziell

	sorgenloses, freies und selbstbestimmtes Leben garantieren
Bedarf:	Sie suchen ein Buch für Marketing und Vertrieb, das für Menschen geschrieben wurde, die persönliche Dienstleistungen erbringen. Sie sind finanziell in der Lage, mein Buch zu kaufen
Nachfrage:	Sie haben die richtige Kaufentscheidung getroffen, lesen Sie es auch und machen Sie sich Gedanken und Notizen, die Sie auch umsetzen

In diesem Fall suchen Sie meine Unterstützung als Autor nicht, um irgendetwas zu haben. Sie wollen jemand anderes sein, als Sie es heute sind. Sie wollen frei sein. Sie wollen unabhängig sein. Sie wollen selbstständig sein … Das heißt, Sie wollen persönlich wachsen. Sie haben die gröbsten Mangelbedürfnisse hinter sich gelassen und sind nun bereit dazu, noch mehr aus Ihrem Leben zu machen. Ich helfe Ihnen mit meinem Buch dabei, Ihr Wachstum zu beschleunigen. Das ist der Grund, warum Sie es gekauft und bis hierher gelesen haben. Ich unterstütze Sie auf Ihrem individuellen Weg, Ihre persönlichen Ziele zu erreichen. Das ist das Schönste für mich an meiner Positionierung. Ich habe mit Menschen zu tun, die wachsen und sich entwickeln wollen. Ich unterstütze Menschen beim „Über-sich-Hinauswachsen". Ich liebe diese Stimmung bei meinen Projekten und Seminaren. Lassen Sie uns diesen Weg gemeinsam gehen. Viel Spaß beim Weiterlesen.

Wann immer Sie mit Ihren Kunden deren Bedarf abklären, sollten Sie versuchen, die Bedürfnisse und Emotionen dahinter zu erfragen. Sie sind der wahre Motivator für das Kaufinteresse. Vielleicht ist dem Kunden auch einfach nur nicht klar, dass es eine aus Ihrer Sicht noch bessere Lösung gibt. Schlagen Sie sie ihm vor, dann hat er die Wahl, ob er sie kauft oder nicht. Machen Sie sich an dieser Stelle Ihre eigenen Gedanken, warum Ihr Kunde Ihre Dienstleistungen in Anspruch nimmt. Welche Bedürfnisse werden dadurch abgedeckt und welche Emotionen und Gefühle verbindet er damit. Hier wird es sehr wahrscheinlich unterschiedliche Ausprägungen geben. Zögern Sie nicht, nach unterschiedlichen Kundentypen mehrere Aufstellungen zu machen. (Anmerkung: Denken Sie an die zuvor bereits beschriebenen „Personas" und fertigen Sie für jede eine solche Aufstellung an.)

Emotion:

___

Gefühl:

___

Bedürfnisse:

___

Bedarf:

___

Nachfrage:

___

> **Tipp:** Ihre Aufgabe als Verkäufer ist es, die beste Lösung für Ihren Kunden unter den gegebenen Parametern zu finden. Unter den gegebenen Parametern! Denken Sie an den vorderen Teil meines Buches – Punkt eins von vier:
> Verkaufen Sie nicht unter Ihren Kosten, Sie leben vom Gewinn und nicht vom Umsatz.

Es gibt eine Barriere, die auf jeden Fall besteht. Über diese Hürde müssen wir drüber. Kann und will (!) der Kunde den Betrag ausgeben, den unsere Dienstleistung kostet, oder nicht. Wenn wir diese Frage mit Ja beantworten können, haben wir die Schwelle vom Erstkontakt hin zur Bedarfsermittlung überschritten. Hier ist aus meiner Sicht der Übergang zwischen einer ersten Beratung hin zu etwas Handfestem.
Kann der Kunde nicht die finanziellen Mittel aufbringen, dann ist es hier zu Ende. Will der Kunde nicht, dann sind Sie gefragt. Erklären Sie ihm, warum der Mehrwert Ihrer Dienstleistung den höheren Preis rechtfertigt. Keine Angst, mehr als trotzdem Nein sagen kann er nicht.

Lassen Sie mich aber bitte eine Sache klarstellen: Der Preis allein ist nie das entscheidende Kriterium. Hochpreisige Dienstleistungen sind immer mit einem hohen Maß an Service und Qualität zu rechtfertigen, daraus leiten sich schließlich Nutzen und Zusatznutzen ab. Dies muss unbedingt für den Kunden sichtbar gemacht werden.

Um noch einmal kurz zu veranschaulichen, wo wir uns gerade im Prozess befinden:
1) Vorbereitung
2) Erstkontakt
3) Bedarfsermittlung: **Abklären der gegebenen Parameter, ob Bedürfnisse und Bedarf zusammenpassen und daraus Nachfrage entstehen kann**
4) Einwandbehandlung
5) Abschluss
6) Feedback
7) Wiederverkauf

Allgemeingültig können wir zusammenfassen:
- Bedarfserhebung funktioniert vom Groben ins Feine.
- Klären Sie die Motivation, warum der Kunde genau diese Dienstleistung wünscht.
- Fragen Sie stets nach dem genauen Zweck, den Ihre Dienstleistung beim Kunden erfüllen soll. (Was ist sein Ziel? Erinnern Sie sich an die Zielformulierung am Anfang des Buchs? Machen Sie eine gemeinsame Zielsetzung mit Ihrem Kunden, so wird es zum gemeinsamen Projekt.)
- Fassen Sie die Aussagen des Kunden immer wieder zusammen, um sicherzugehen, dass sie noch vom Selben reden.
- Behalten Sie die grundlegenden Parameter wie das Budget im Auge.

Zusätzlich für beratungsintensive Dienstleistungen, die mehr als einen Termin benötigen:
- Machen Sie bei beratungsintensiven Dienstleistungen stets Gesprächsnotizen, Checklisten und Fragebögen, um nicht den Faden zu verlieren. Je beratungsintensiver, umso mehr Notizen.
- Sollte sich die Bedarfserhebung über mehrere Termine ziehen, geben Sie dem Kunden „Hausaufgaben" mit. Also Dinge, die er

bis zum nächsten Termin entscheiden oder vorbereiten muss. Der Kunde muss unbedingt an der Zielerreichung mitarbeiten. Nur so kann die optimale Lösung für den Kunden entstehen.
- Arbeiten Sie bis zum nächsten Kundentermin kontinuierlich an der Lösung für den Kunden und seien Sie bei jedem Termin vorbereitet. Auch Sie haben Ihre „Hausübungen" zu machen.
- Versuchen Sie die Prozesse weitestgehend zu standardisieren und zu chronologisieren. Teilprozesse der Bedarfserhebung, die in Ihrem spezifischen Fall immer wieder zu einem fixen Zeitpunkt stattfinden, können geplant werden. Das schafft Effizienz im Verkaufsprozess.

Individualisieren Sie Ihre Unterlagen und Zugänge ganz nach Ihren persönlichen Anforderungen. Versuchen Sie alle Teilprozesse in Ihrer Verkaufsvorbereitung zu strukturieren. Dadurch ergibt sich ein roter Faden, der sich durch die sieben Schritte zieht.

Der Kunde sind eigentlich zwei Kunden

Nächste Spezialität: Der Kunde ist nicht allein. Gerade im Privatkundenbereich wird bei größeren Konsumausgaben die Entscheidung häufig nicht von einem Partner getroffen, sondern zu zweit. Gerade das Thema Eigenheim wird definitiv gemeinsam entschieden, obgleich mein Eindruck war, dass hier das schöne Geschlecht eindeutig die Hosen anhat.
Pärchenkäufe sind etwas dünneres Eis als Käufe durch Einzelpersonen. Wir hatten bis jetzt die Situation, dass ein Kunde entweder vorinformiert ist oder eben nicht. Diese Zustände können jetzt in unterschiedlicher Kombination auftreten. Das heißt, einer ist schon gut informiert, der andere eben nicht. Das kann dazu führen, dass Sie als Verkäufer tendenziell mit der besser informierten Person das Gespräch führen, dass die zweite Person daneben untergeht, dass deren Einwände gar nicht geäußert werden und dass dann die Bombe platzt und kein Abschluss zustande kommt.

Tipp: Orientieren Sie sich bei Käuferpaaren an dem Ruhigeren. Der gesprächigere Partner wird seine Anliegen und Wünsche mit viel höherer Wahrscheinlichkeit vortragen. Wenn der Ruhigere untergeht, sorgt das für Konfliktstoff, der den gesamten Kauf zum Scheitern bringen kann (und wird). Holen Sie ihn ins Gespräch und stellen Sie konkret ihm Fragen.

Die hauptsächlichen Konfliktpotenziale bei Paarkäufen sind aus meiner Sicht sehr schnell auf den Punkt gebracht. Über den ersten Punkt lässt sich nicht streiten, denn das ist der gute Geschmack. Und wie wir alle wissen, sind Geschmäcker nun einmal verschieden. Na, Sie ahnen vermutlich schon, wohin die Reise geht. Die beiden haben einen unterschiedlichen Geschmack. Jetzt ganz wichtig: Das klären nicht Sie als Verkäufer! Das müssen die beiden ausmachen! Da können wir nur zeigen, dass wir für jeden Geschmack etwas dabei haben. Hier können wir mit viel Fingerspitzengefühl auf mögliche Kompromisse hinweisen. Ich sage Ihnen jedoch an dieser Stelle: Ich mag keine Kompromisse, ich will Lösungen und keine Provisorien.
Merken Sie sich einfach: Helfen Sie den Kunden, wenn Sie bei ihnen sind, mit den Gemeinsamkeiten und geben Sie ihnen die Dinge, bei denen sie uneinig sind, als Hausübung mit! Da gehören die nämlich hin. Die beiden müssen sich einig werden.
Die zweite hauptsächliche Streitfrage, die sich bei Pärchen ergeben kann, ist die Frage nach dem Budget. Der eine sieht das Budget in Stein gemeißelt, der andere ist bereit, für noch mehr Nutzen noch mehr Geld auszugeben. Mein Tipp hier ist: Orientieren Sie sich am Preisbewussteren. Er stellt aus unserer Perspektive den beschränkenden Faktor dar, und wenn er einem Zusatzkauf zustimmt, dann haben wir gewonnen. Wenn nicht, dann bleibt er der beschränkende Faktor: Wenn wir ihn übergehen, dann kann der ganze Kauf scheitern. Hier gilt: Überzeugen Sie den Sparsamen, den anderen haben Sie bereits.

Dieses Problem besteht genauso im Firmenkundenbereich. Mehr als einmal habe ich erlebt, dass sich aus welchen Gründen auch immer zwei Entscheider, die gemeinsam an einem Projekt gearbeitet haben, nicht einig waren. Die Gründe hierfür sind in der Regel andere als bei Privatkunden. Sehr häufig sind es fachliche Differenzen oder unterschiedliche Zielsetzungen, und hier ist dann die Argumentationskunst des Verkäufers gefragt. Manchmal sind es auch persönliche Differenzen, die hier zum Tragen kommen. In vielen Fällen ist es aber auch, ebenso wie beim Privatkunden, oberflächlich betrachtet eine „Geschmacksfrage". Jedoch geht es hier normalerweise um persönliche Bewertungen, denen eine Kosten-Nutzen-Analyse zugrunde liegt.

Die Kunden und Entscheider

Haben wir uns im letzten Teilkapitel mit zwei Kunden begnügt, gehen wir jetzt in die Königsklasse – zu vielen Kunden!
Greifen wir das Beispiel vom Architekten noch einmal auf. Unser Pärchen hat sich den Entwurf ihrer Träume zu Papier bringen lassen. Jetzt geht es an die praktische Umsetzung – den Hausbau. Oder eben auch nicht!
Sehr oft wird das Traumhaus nicht ausschließlich vom Kunden finanziert. Hier gibt es noch die Bank, die mitentscheidet. In vielen Fällen werden auch Eltern als Geldgeber für ihre Kinder fungieren. Während die Bank sich rein an Zahlen und Fakten orientiert, werden die Eltern in vielen Fällen auch beim Design mitreden wollen, dafür wollen sie keine Zinsen und das Geld nicht zurück. Wenn die Bank als Entscheider – und diese Rolle hat sie nun einmal – Ja sagt, dann ist das Problem gelöst. Wenn es um Eltern geht, ist das schon schwieriger. Denn die planen plötzlich mit, und wenn ihre Vorschläge nicht gehört werden, dann gibt's kein Geld und ohne Geld kein Haus. Somit ist der Entwurf des Architekten wertlos geworden. Die Konflikte sind vorprogrammiert.
Hier kann die Entscheidungsfindung nur über einen Kompromiss als letzten Ausweg laufen. Die Eltern müssen mit ins Boot, sonst ist das gesamte Projekt gescheitert.

Entscheider existieren häufig zusätzlich zu Ihren eigentlichen Kunden. Das ist nicht weiter schlimm, sondern ganz klar eine Herausforderung. Ihre Meinung ist nicht nur wichtig, sondern im wahrsten Sinn des Wortes entscheidend. Der größte Fehler, den Sie als Verkäufer machen können, ist, diese zu übersehen.
Noch häufiger wie im Privatkundenbereich sind solche Entscheider in Unternehmen vorzufinden. Einkäufer haben Vorgesetzte, von denen haben sie Preis- und Zielvorgaben. Der „Chef" kann immer noch ein Machtwort sprechen. Ein Vorstandswechsel ändert die Prämissen. Ich will Ihren Blick dafür schärfen, dass Ihr Kunde in den meisten Fällen nicht einfach entscheidet, wie er will. Sie müssen als Verkäufer dahinterkommen, was die Entscheider wollen.
Wer mir das nicht glaubt, soll doch bitte einfach an einer Supermarktkassa Mütter mit kleinen Kindern beobachten. Sie werden feststellen, dass es nicht die Entscheidung der Mutter war, den Schokoriegel doch noch zu kau-

fen. Sie werden wohl auch nicht bestreiten, dass sie der Kunde ist und nicht ihr dreijähriges Kind.

Was will der Kunde jetzt eigentlich?

Wir sind mit unserem Kunden schon weit gekommen. Wir haben – zumindest fürs Erste, und merken Sie sich das gut, fürs Erste – in Erfahrung gebracht, was der Kunde, die Entscheider im Hintergrund und jene Entscheider, die sichtbar werden, wollen. Sie haben Ihren Kunden auf diesem Weg beraten, und Sie haben sich auch eine erste Vorstellung verschafft, ober der Kunde wirklich Kunde werden will. Was ist Ihr nächster Schritt?
Jetzt wird es konkret. Wir brauchen ein Angebot (oder in weiterer Folge mehrere). Dazu gibt es einen Preis und ein Preis-Leistungs-Verhältnis. Hier vorab gleich ein Tipp.

> **Tipp:** Fangen Sie nie, nie, nie mit irgendeinem Preisgejammer an.
> Also Sätze nach dem Motto: „Ich weiß, das ist teuer!" „Lassen Sie sich vom Preis nicht abschrecken!" „Mit dem Preis kann man eh noch was machen!"
> Nur weil Sie das teuer finden, heißt das nicht, dass das der Kunde auch tut!

Sie machen stattdessen Folgendes:
1) Sie zählen bei Ihrem Angebot die beinhalteten Kundenwünsche noch einmal auf.
   Hier muss der Kunde merken, dass dies das Angebot ist, das er gewünscht hat. Nicht irgendetwas. Sie haben ihm zugehört, Sie haben es zu einem gemeinsamen Projekt gemacht, Sie sind dabei, seine Wünsche zu erfüllen. Sie rufen dem Kunden noch einmal alle Schritte in Erinnerung.
2) Jetzt kommt der Preis. Beobachten Sie seine Reaktionen. Ich für meinen Teil schaue gerne auf die Augen-Mund-Partie. Kommt hier ein Ausdruck des Schmerzes oder von positiver Überraschung? Hat der Kunde ein Freudestrahlen im Gesicht, weil es günstiger ist als erwartet, oder meidet er den Blickkontakt? Überlegt er bereits, wie er mir sagen kann, warum es zu teuer ist? ...

3) Jetzt ist der Kunde dran. Fragen Sie ihn: „Was sagen Sie zu meinem Angebot?" Jetzt lassen Sie den Kunden reden. Sie halten den Mund, hören zu, beobachten ihn aufmerksam und machen sich Notizen. In den wenigsten Fällen wird er beim ersten Angebot schreien: super! Her mit dem Kugelschreiber, ich unterschreibe. Darum sollten Sie das nächste Teilkapitel mit den Einwänden und deren Behandlung ganz genau lesen.

Nur die Vergleichbaren werden miteinander verglichen! Bei den Unvergleichbaren wird gekauft!

Schritt 4: Einwandbehandlung

Da haben Sie nun stundenlang aufmerksam zugehört, zusammengefasst und mitgeschrieben. Sie haben sich Ihren Kopf nach der besten Lösung für den Kunden zerbrochen, und dann war es wieder nichts. Der Kunde ist mit der ihm angebotenen Lösung nicht zufrieden. Er hat dieses und jenes zu bemängeln. Kommt Ihnen das bekannt vor? Macht nichts, das ist normal. Es wäre aus meiner Sicht schon fast Zufall oder eine sehr einfache, nicht erklärungsbedürftige Dienstleistung, wenn ein Verkaufsgespräch ohne Einwände abgeht.
Einwände sind das Salz in der Suppe des Verkaufs. Jetzt entscheidet sich, aus welchem Holz Sie geschnitzt sind. Als Erstes müssen wir jedoch eine Unterscheidung treffen: Ist das, was der Kunde formuliert, ein Einwand oder ein Vorwand?
Wann handelt es sich um einen Vorwand? Mit der allergrößten Wahrscheinlichkeit dann, wenn der Kunde etwas vorbringt, das so gar nicht zu seiner Argumentationslinie passt. Wenn Sie sich denken: „Was? Echt jetzt? Damit hätte ich nie gerechnet!" Dann ist es mit sehr hoher Wahrscheinlichkeit ein Vorwand. In diesem Fall passt meistens etwas ganz anderes nicht, das der Kunde aber aus persönlichen Gründen nicht aussprechen will.
Ein Beispiel: Sie haben mit dem Kunden ein neues Design für seine Homepage entwickelt. Sie sind in der gesamten Konzeption des Angebots nach dem Kundenwunsch vorgegangen. Hier kann vieles passiert sein: Er hat von privaten „Beratern" negatives Feedback bekommen; er hat einen günstigeren Mitbewerber (bei vermeintlich gleicher Qualität) gefunden; es sind Finanzierungsprobleme aufgetreten etc. Diese Liste lässt sich endlos wei-

terführen. Fakt ist: Bei Vorwänden haben Sie nichts falsch gemacht. Hier ist etwas falsch gelaufen, und zwar auf der Kundenseite.

Bei echten Einwänden liegt der Fehler auf Ihrer Seite. Hier haben Sie bei der Ermittlung des Kundenbedarfs nicht sorgfältig genug gearbeitet.
Ein Indikator ist: Trägt der Kunde sein Argument öfter vor, ist es in der Regel kein Vorwand, sondern ein Einwand.
Wann benutzen Kunden Vorwände? Entweder weil sie einen Einwand haben, den sie so nicht sagen können oder wollen, oder wenn sie noch einen kleinen Anstoß brauchen. Einen kleinen Anstoß von Ihnen als Verkäufer. Hier kann eine Zukunftsprognose helfen, beispielsweise: „Ihre Kinder werden Sie dafür lieben!" „Stellen Sie sich vor, wie gut Ihnen diese Physiotherapie tun wird und wie Sie endlich wieder durchschlafen." „Ihre Frau wird schlichtweg begeistert sein."
Hat der Kunde jedoch noch einen Einwand, den er versteckt, dann müssen Sie der Sache auf den Grund gehen.
Sind Einwände etwas Schlechtes? Nein, ganz im Gegenteil. Einwände signalisieren uns als Verkäufer, dass der Kunde bei der Sache ist. Er denkt mit, und es entsteht ein Bild im Kopf. Das Bild ist noch nicht perfekt, sonst hätte er keinen Einwand. Aber es ist da.
Er signalisiert uns hiermit auch die Bereitschaft, unsere Dienstleistung mit uns zu besprechen. Das bedeutet, dass es hier ehrliches Kundeninteresse gibt. Derjenige, der es jetzt verbocken kann, sind Sie in Ihrer Rolle als Verkäufer. In dieser Situation ist es Ihre Aufgabe, auf die Einwände einzugehen und den Nutzen, den Ihre Dienstleistung für den Kunden hat, eindeutig hervorzuheben.
Ich unterscheide einige verschiedene Arten von Einwänden, die ich Ihnen kurz skizzieren werde. Gleichzeitig bekommen Sie für jeden Einwand ein kleines Rezept von mir, wie Sie mit ihnen umgehen können.

Objektiver Einwand

Der Kunde kommt bei seinem derzeitigen Know-how über Ihre Dienstleistung zu der Meinung, dass sie seinen Anforderungen (noch) nicht entspricht. Hier eignen sich Fragen wie:
Welche Erwartungen haben Sie an meine Dienstleistung?
Erklären Sie mir doch bitte, wie das optimale Ergebnis unserer Zusammenarbeit aussehen soll.

Welches Ziel verfolgen Sie mit meiner Dienstleistung?
...

Der Kunde beginnt nochmals aufzuzählen und zu erklären. Es liegt hier die Vermutung nahe, dass entweder Sie bei der Bedarfsermittlung nicht sorgfältig genug waren oder dass der Kunde seinen Einwand einfach noch nicht geäußert hat. In diesem Fall heißt es, einen Schritt zurück, den Kunden erklären lassen, nachfragen und zusammenfassen.
Diese Situation ist auch eine große Chance. Denn vermutlich haben Sie eine Leistung anzubieten, die all das hält, was sich der Kunde von ihr verspricht. Vielleicht gibt es diese nur schlicht und ergreifend nicht zu dem Preis, den der Kunde als sein Maximum definiert hat. Wenn Sie wissen, dass hier auch die Mitbewerber keine signifikant günstigeren Angebote haben, dann können Sie hier locker punkten. Im Optimalfall lässt er sich seinen Wunsch einfach mehr kosten. Oder er ist mit einer abgespeckten Version zufrieden. Ein Abschluss geht sich hier allemal noch aus. Zusatzverkäufe nicht vergessen, Sie haben jetzt Wind unter den Segeln, weil Sie die Situation durchschaut haben.

Subjektiver Einwand

Der Kunde hat einen Einwand, der objektiv nicht begründbar ist. Ich mag zwar die Unterscheidung zwischen objektiv und subjektiv nicht besonders. Ich will es Ihnen als Leser aber nicht unnötig schwer machen. Sie können den Begriff „objektiv" auch mit Know-how und den Ausdruck „subjektiv" mit persönlichen Präferenzen, Geschmack oder Vorliebe übersetzen. Am Ende des Tages ist alles subjektiv, weil der Kunde aus den Eigenschaften einer jeden Dienstleistung seinen subjektiven Nutzen ableitet. Egal wie scheinbar rational die Kriterien auch waren, die er dafür verwendet hat.
Aber lassen Sie uns bei der Sache bleiben. Es geht um Einwände wegen persönlicher Präferenzen, Geschmäcker, Vorlieben etc.
Hier kann der Einwand kommen: „Ihre Dienstleistungen sind aber nicht so gut wie die des Mitbewerbers, obwohl sie genauso viel kosten."
Wenn dies nicht objektiv und technisch begründbar ist, können Sie sofort folgende Fragen stellen:
Mit welchen Dienstleistungen vergleichen Sie meine?
Wie kommen Sie zu dieser Auffassung?
Erklären Sie mir Ihre wichtigsten Qualitätskriterien?
...

So, jetzt muss der Kunde wieder Farbe bekennen. Es wird in diesem Fall auf die Frage hinauslaufen, ob die Präferenz für einen bestimmten Mitbewerber eine prinzipielle ist. Dann war Ihr Kunde kein eigentlicher Kunde, sondern lediglich jemand, der sich bei Ihnen überzeugen wollte, dass er doch recht hatte, dass sein Lieblingsarchitekt, -physiotherapeut, -anwalt etc. einfach der Beste ist. Er wird in den meisten Fällen voll Freude und Bestätigung hinausspazieren und beim Mitbewerber kaufen.

Wenn das aber nicht der Fall ist, dann ist es Ihr Job, dem Kunden zu zeigen, dass Ihre Leistung ihm noch mehr Nutzen bringt. Nehmen wir hier den Anwalt als Beispiel. Alleine schon, dass er sich vorstellen kann zu wechseln, zeigt Ihnen, dass Sie eine reale Chance haben. Nehmen wir an, es geht um einen Kaufvertrag für eine Immobilie. Welchen Nutzen hat dieser für Ihren Kunden? Er schafft Sicherheit. In diesem Fall Rechtssicherheit. Erinnern Sie sich an die Bedürfnispyramide. Sicherheit ist ein Mangelbedürfnis. Ihr Kunde will, dass nichts schiefgeht. Er will, dass es nach dem Kauf keine Probleme gibt und dass sein Geld sicher angelegt ist.

Dass Sie als Anwalt einen Vertrag schreiben können, wird er Ihnen wohl glauben. Aber ist der auch wirklich sicher? Jetzt sind Sie gefragt, um ihn zu überzeugen. Haben Sie vielleicht auf Ihrer Homepage einen kleinen Faktencheck zum Immobilienkauf? Auf ein bis zwei Seiten kurz und prägnant aufgelistet, worauf er auf alle Fälle achten muss? Haben Sie vielleicht aus dem Faktencheck einen kleinen Folder gemacht, den Sie ihm auf den Tisch legen können? Den er angreifen und selbst nachlesen kann? Haben Sie Ihre Expertise zielgruppengerecht in eine solche Marketingmaßnahme umgesetzt?

Was wird wohl Ihr Kunde denken, wenn Sie das gemacht haben? „Ah, da gibt es sogar einen Folder mit den Punkten, die ich beachten muss. Da sind das Foto meines Gegenübers darauf und sein Logo. Das wirkt hier alles schon sehr professionell. Da steht sogar, dass er auf Immobilienverträge spezialisiert ist. Mein alter Anwalt hatte das nicht!"

Jetzt müssen Sie ihm nur einen Moment Zeit lassen. Sie sagen nichts und warten. Ihr Kunde soll jetzt als Erster reden. Mit sehr großer Wahrscheinlichkeit steht in Ihrem Folder mindestens ein Punkt, den er so noch nicht kannte. Er wird sich vermutlich fragen, warum ihn sein alter Anwalt darauf nicht hingewiesen hat. Was wird er jetzt machen? Richtig, er fragt. Sie sind voll im Gespräch, Sie punkten mit Ihrer Expertise, dank Ihres Marketings bei Ihrer Zielgruppe – das BIG-BANG-TETRAEDER! So überzeugen Sie ihn. Gut gemacht!

Was, Sie wollen feststellen können, zu welcher Art er gehört? Ob er ohnehin bei der Konkurrenz kaufen wird oder bei Ihnen? Wie Sie das erkennen?
An seiner Unterschrift unter Ihrem Vertrag! Erfahren werden Sie das nur, wenn Sie:
- echter Experte auf Ihrem Gebiet sind
- sich um Ihre Zielgruppe kümmern
- entsprechendes Marketing betreiben
- um jeden Kunden kämpfen
- jeden Interessenten mit Respekt behandeln

Zusammengefasst: indem Sie Ihren Job machen!

Stiller Einwand (unausgesprochen)

Dieser Art von Einwand ist schwierig zu begegnen, denn, wie uns der Name schon verrät, der Kunde sagt nichts. Zu stillen Einwänden kann es aus unterschiedlichen Gründen kommen.
- Der Kunde fühlt sich ohnehin nicht verstanden und sagt einfach nichts mehr. Hier ist bei der Bedarfsermittlung etwas gründlich schiefgegangen.
- Er hat Angst, seinen sozialen Status zu verlieren. (Er kann sich z.B. Ihre Dienstleistung in dieser Form nicht leisten und weiß nicht, wie er es sagen soll.)
- Der Kunde hat eine Antipathie (aus welchem Grund auch immer) und will gar nicht mehr kaufen.

Das Problem auf den Punkt gebracht: Wir merken als Verkäufer, zumindest in der Nachbetrachtung, dass der plötzlich „etwas hatte". Das ist ein Indiz für einen stillen Einwand. Der Kunde ändert sein Verhalten, verschließt sich. Spricht kaum mehr. Da ist etwas im Busch, und Sie sollen erraten, was da ist? Nein. Vergessen Sie das. Sprechen Sie ihn an. Sagen Sie: „Lieber Kunde, ich habe den Eindruck, dass Sie mit etwas grundlegend nicht einverstanden sind. Ich suche nach der optimalen Lösung für Sie. Bitte erklären Sie mir, wo das Problem liegt, nur so können wir das lösen."
Der Kunde wird uns dann hoffentlich sagen, wo der Schuh drückt. Gemeinsam können wir dann an der Problemlösung arbeiten.
Wenn er aber immer noch darauf beharrt, dass alles in Ordnung ist, dann machen Sie mit einer Wiederholung der letzten Punkte weiter und beobach-

ten genau seine Gestik und Mimik. Wenn er bei einem Punkt plötzlich anders reagiert als bei den anderen, dann kennen Sie das Problem. Wenn gar nichts kommt, dann kann es natürlich auch sein, dass Sie sich getäuscht haben.

Stichel-Einwand (boshaft)

Hier passt entweder die Stimmung des Kunden oder das zwischenmenschliche Verhältnis nicht. In beiden Fällen besteht akuter Handlungsbedarf. Es kann aber auch sein, dass der Kunde einen wunden Punkt gefunden hat und nun weiter nachbohrt.
Auf alle Fälle heißt es erst einmal, Ruhe zu bewahren. Keine Untergriffe, cool bleiben. Sticheln kann er schließlich nur, wenn Sie darauf einsteigen. Sticheleien können sich ungefähr so anhören:
„Das können Sie doch gar nicht!"
„Warum sollen wir Ihnen das glauben? Das kann jeder erzählen."
So etwas hört ein Verkäufer immer wieder. Hierzu ein paar Tipps, auch auf die Gefahr hin, dass ich mich wiederhole:

- Behaupten Sie im Verkaufsgespräch nie etwas, das Sie nicht beweisen können. (Hilfreich ist z.B. eine Kurzpräsentation Ihrer Dienstleistung, Referenzen etc.)
- Lügen Sie niemals Ihre Interessenten und Kunden an.
- Stellen Sie den Kunden niemals als den Blöden hin.

Ja, manchmal stichelt ein Kunde. Na und, was soll's! Wichtig ist, dass wir ein Fundament in unserer Kundenbeziehung haben. Das Fundament ist, war und bleibt Vertrauen. Wenn Ihre Dienstleistung etwas nicht beinhaltet, was vom Kunden angesprochen wird, dann sagen Sie ihm: „Lieber Kunde, das ist nicht im Leistungsumfang enthalten. Wofür benötigen Sie das?"
Jetzt darf er mir schon erklären, warum er das braucht. Wenn es wirklich nur zum Sticheln war, kommt dann häufig etwas wie:
„Naja, so halt."
„Bei der Firma XY ist das aber schon dabei, glaub ich."
„Das hat man so heute."
„Sagen Sie mir doch, wozu man das verwendet."
...
Hier führt sich der Kunde selbst aufs Glatteis. Sticheleien sind meistens nicht wirklich gut durchdacht. Dennoch ist das Gespräch jetzt in einer Sackgasse.

Egal aus welcher Laune die Sticheleien auch entstanden sind: Sie sind Verkäufer und wollen verkaufen.

Sie retten jetzt die Stimmung und leiten zurück auf die Sachebene. Beispiele:
- Wenn Ihre Dienstleistung den angesprochenen Nutzen wirklich nicht hat, dann sagen Sie das und erläutern gleichzeitig noch einmal die Vorzüge.
- Hinterfragen Sie den Zweck, den die angesprochene Sache erfüllen soll. In vielen Fällen ist dieser Zweck durch einen anderen Faktor Ihrer Leistung ohnehin erfüllt.
- Wenn es um Designfragen geht, fragen Sie nach seinen Präferenzen.
- …

Das Ganze dient dazu, den Kunden auf die Sachebene zurückzuführen. Wir wollen schließlich ernsthaft arbeiten und verkaufen. Sollte ein Kunde jedoch entscheiden, dass er das nicht will und einfach nur weiter rummotzt, werden Sie irgendwann das Ende der Fahnenstange erreicht haben. Auch hier kann und muss man ihm wieder gekonnt den Ball zuspielen. Beispiel:
- Sie haben mir jetzt viele Kritikpunkte zu meiner Leistung aufgezeigt. Beschreiben Sie mir doch bitte Ihr Optimum.

Was passiert jetzt? Der Kunde ist am Zug. Er muss sich konzentrieren. Nachdenken, was er bemängelt hat, und sein Optimum skizzieren. Sie schubsen ihn auf die Sachebene zurück. Vielleicht beschreibt er Ihnen eine andere Dienstleistung aus Ihrem Angebot, dann punkten Sie mit dieser. Vielleicht kommt er selbst darauf, dass das von Ihnen Angebotene eigentlich ein ganz gutes Preis-Leistungs-Verhältnis hat. Vielleicht werden Sie heute auch nicht zum Abschluss kommen. Fest steht, dass Sie die größten Chancen haben, wenn Sie sachlich und ehrlich bleiben.

Im schlimmsten Fall, also wenn sich der Kunde gar nicht beruhigen kann, können Sie sein Verhalten auch höflich, aber bestimmt ansprechen. In vielen Fällen kann sich ein Stichel-Einwand dann schließlich auch als Vorwand entpuppen. Dann hat er jetzt die Entscheidung, sein Verhalten zu ändern, oder aber das Gespräch wird schnell enden und Sie haben Zeit für den nächsten Interessenten.

Optimal ist diese Lösung nicht, aber egal was man Ihnen erzählt und verspricht, sie kommt im Verkäuferleben mehr als einmal vor.

TEIL II: Verkauf

Star-Einwand – Geltungsdrang

Manche haben es einfach erfunden! Was? Alles! Sie können alles, wissen alles und machen alles besser. Diese Grundeinstellung in der Kommunikation entspringt einem verstärkten Geltungsdrang. Sie haben bei einem solchen Kunden nur dann eine Chance, wenn Sie ihm wirklich zuhören und ihn mal reden lassen. Wo es Ihnen fachlich möglich ist, pflichten Sie ihm bei. Er erhält dadurch die Bestätigung, die er haben will. Ab dem Punkt, an dem er die bekommt, beginnt er sich automatisch zu beruhigen. Da Sie ihn bestätigen, steigen Sie in seinem Ansehen, da Sie offensichtlich irgendeine Form von Sachkompetenz haben. Sonst würden Sie ihn nicht bestätigen.

Diese Kunden brauchen anfangs ein wenig Geduld. Hier sind diejenigen Verkäufer klar im Vorteil, die wirklich gute Zuhörer sind. Die „Stars" geben in den meisten Fällen irrsinnig viel über sich preis, ohne dass ihnen das bewusst ist. Wie Sie bereits wissen, brauchen wir ein großes Wissen über unsere Kunden, um die optimale Betreuung garantieren zu können.

Ärgern Sie sich nicht über dieses Verhalten, denn diese Menschen können nicht anders. Es ist ihre Art zu kommunizieren. Nutzen Sie dieses Wissen und verkaufen Sie die optimale Lösung!

Ich-Einwand

„Ich kann mir das nicht vorstellen. Ich will das nicht so. Ich denke nicht, dass mir das gefällt. Ich denke, das ist es nicht wert ..."

Hier äußert der Kunde einen Einwand, bei dem es um sein persönliches Empfinden, seinen Geschmack, seine Meinung zum Preis-Leistungs-Verhältnis etc. geht. Ich halte diese Einwände für besonders wertvoll, weil sie uns viel über den Kunden verraten und uns gleichzeitig einen Anknüpfungspunkt geben, Fragen zu stellen und noch mehr über den Kunden zu erfahren.

Mit diesen Einwänden gibt er seine Einstellungen, Werte und Präferenzen preis. Er zeichnet im Gespräch ein Bild über sich selbst. Lassen Sie ihm diese Einwände vorbringen, hören Sie gut zu. All diese Ich-Einwände entstammen seinen Bedürfnissen. Überlegen Sie sich, ob er im Mangel oder im Wachstum ist und wobei Ihre Dienstleistung ihn am besten unterstützt. Greifen Sie dann seine Ich-Einwände in der Argumentation auf: „Wie Sie gerade gesagt haben, wollen Sie ... Genau das kann ich Ihnen hier anbieten, weil unsere Dienstleistung ... umfasst." Jeder Mensch will verstanden und als Individuum behandelt werden. Wenn Sie genau das ehrlich machen, kann hier eigentlich nichts schiefgehen.

Letzter Versuch

Hier kommt der Kunde noch einmal mit einem Einwand, der eigentlich schon abgearbeitet ist. Wenn Sie als Verkäufer nichts übersehen haben und den Kunden richtig einschätzen, dann sind Sie jetzt kurz vor dem Abschluss. Warum kommt dieser „letzte Versuch"? Ich kann Sie beruhigen, der kommt immer wieder. Sogar ich benutze ihn manchmal als Kunde. Hier will der Kunde noch einmal Ihre Bestätigung, dass seine Entscheidung richtig ist, dass nichts passieren kann, dass das Ganze ein gutes Geschäft ist …
Sie müssen in dieser Situation Ihren Kunden bekräftigen. Sollte er zum Beispiel Bedenken äußern, ob die Qualität wirklich seine Erwartungen erfüllt, dann bekräftigen Sie ihn mit seinem Rücktrittsrecht oder mit der Geld-zurück-Garantie.
Noch gleich etwas mit auf den Weg: Wenn Ihr Kunde nicht schon innerlich Ja gesagt hätte, also nicht im Prinzip von Ihnen überzeugt wäre, würde er Ihre Dienstleistung doch auch mit dem Umtauschrecht oder mit der Geld-zurück-Garantie nicht nehmen. So, das war jetzt ganz schön viel Konjunktiv. Was will ich Ihnen damit sagen? Der Kunde hat sich jetzt für Ihr Produkt entschieden, er will nur noch eine kleine Bestätigung. Dann ist es so weit. Machen Sie nicht den Kapitalfehler, alle möglichen Details noch einmal aufzuzählen oder irgendwie von vorne zu beginnen. Das hatten Sie schon! Wenn Sie das machen, verlieren Sie den Kunden. Bekräftigen Sie seine Kaufentscheidung mit rationalen Argumenten (Umtauschrecht, Geld-zurück-Garantie).

Schritt 5: Abschluss und Erfüllung

Wann ist er nun gekommen, der richtige Zeitpunkt? Ihnen fällt nichts mehr ein, was Sie noch abklären sollen. Sie fragen Ihren Kunden nach offenen Punkten. Der hat auch keine mehr.
Gratuliere! Da ist er, der richtige Zeitpunkt! Die Fakten liegen auf dem Tisch. Es gibt keine Einwände mehr, keine offenen Punkte, es ist alles gesagt.
„Jetzt!"
Wie merken Sie dieses „Jetzt", werden Sie sich fragen. Dieser Zeitpunkt ist dann gekommen, wenn Sie als guter Verkäufer nicht mehr wissen, was Sie jetzt noch besprechen sollten. Sie haben alle vorangegangenen vier Schritte durchlaufen und sind jetzt so weit, dass Sie das Geschäft klarmachen. „Jetzt" ist aber auch eine Frage Ihres Selbstvertrauens. Wenn Ihnen das noch fehlt,

werden Sie zögern, Sie werden sich dabei ertappen, wie Sie manche Details, die ohnehin klar sind, noch einmal erklären. Denn Sie wollen es nicht hören. Nicht wahr? So wie es uns bei der Akquise immer wieder erwischt, so trifft es uns beim Abschluss noch viel härter: das Nein!

Glauben Sie mir, keiner mag das Nein. Das ist natürlich. Manche Trainer und Vertriebsexperten versprechen Ihnen vielleicht sogar, dass Sie es mit der einen oder anderen Patentmethode niemals hören werden. Doch das stimmt nicht, natürlich werden wir manchmal danebenliegen, den einen Kunden zu früh oder den anderen Kunden zu spät ansprechen.

Nur die Übung macht den Meister. Sie müssen üben. Sie können sich Hunderte Bücher zum Thema Verkauf anschaffen, Dutzende Workshops, Seminare und Vorträge besuchen, und doch bleibt nach wie vor eine Sache gleich: Sie haben noch keinen Kunden, keinen einzigen!

Ich will Ihnen hier kein gutes Maß an Vorbereitung ausreden, ganz und gar nicht. Schließlich verkaufe ich Verkauf. Aber Sie müssen erkennen, wann die sogenannte „Vorbereitung" zur Ausrede wird. Sie müssen zum Abschluss kommen.

Genau dasselbe Phänomen sehen wir jetzt beim Abschluss wieder. Sie haben sehr gute Gespräche geführt, Gespräche sind aber nur dann super, wenn sie von einem Abschluss gekrönt werden. Vorher haben Sie nichts verkauft. Am Anfang braucht es auch Überwindung, genauso wie beim Ansprechen der Kunden. Sie können das nur durch das Tun lernen. Also üben Sie. Üben Sie und lassen Sie sich durch nichts davon abbringen. Der Fleiß siegt über das Talent. Wenn Sie beides haben, dann ist alles bestens. Wenn Sie der Meinung sind, Sie haben kein Verkaufstalent, dann üben Sie noch härter.

Wie gehe ich konkret beim Abschluss vor:
1) Ich fasse zusammen, was bis jetzt vereinbart und besprochen wurde (Erstkontakt bis Bedarfsanalyse, in meinem Fall ein bis drei Termine je nach Projektgröße).
2) Ich bitte den Kunden um Einwände und Ergänzungen (Abschluss Bedarfsanalyse spätestens beim dritten Termin).
    Achtung: Sollten diese Einwände jetzt kommen und berechtigt sein, sind wir noch nicht beim Abschluss.
3) Ich lege mein Angebot, häufig in mehreren Varianten (der Termin, der auf die Bedarfsanalyse folgt, z.B. Termin 4).
4) Ich frage den Kunden nach seiner Zustimmung (z.B. Termin 4).
5) Abschluss (z.B. Termin 4).

Ich muss an dieser Stelle erklären, dass ich seit etwa zwölf Jahren selbstständig bin und Seminarprodukte und Dienstleistungen als Unternehmensberater im Bereich Marketing und Verkauf anbiete. Spezialisiert bin ich auf Selbstständige, Freiberufler und Unternehmer, die ihre Dienstleistungen persönlich erbringen.

Meine Standardseminare kann ich definitiv bei einem Termin verkaufen. Der Kunde macht sich einen Eindruck von mir, fragt vielleicht nach Referenzen, aber wenn der persönliche Eindruck passt, dann werden wir uns da schnell einig.

Bei Beratungsdienstleistungen ist das schwieriger, hier muss und will ich viel mehr über den Kunden herausfinden. Ich will ihm eine optimale Lösung bieten, diese kann im Bereich der Unternehmensberatung, wie ich sie verstehe, nur ein 100 Prozent individuelles Produkt sein.

Das bedeutet für mich, dass ich mehr als einen Termin mache, bis ich dem Kunden ein Angebot lege. Bei diesen Terminen lerne ich meinen Kunden kennen. Ich werfe dort und da ein paar Worte ein, um die Reaktion zu sehen, und biete auch erste Lösungsansätze. So bekommen diese Gespräche eine Richtung. Von Termin zu Termin bekommt der Kunde dann Aufgaben von mir: Fragen beantworten, Dinge abklären etc.

Diese Aufgaben, ich sag manchmal auch einfach „Hausübung" dazu, haben folgenden Charakter:

- Sie dienen dem gemeinsamen Projekt.
- Nur der Kunde kann sie beantworten.
- Sie bringen dem Kunden neue Erkenntnisse. (Was will/braucht er wirklich?)
- Aus meiner Dienstleistung und seiner Herausforderung wird unsere Lösung.

Dieser Lösungsansatz wird die Basis für mein Angebot. Wenn ich bis dahin alles richtig gemacht habe und den Kundenwunsch erfüllen kann, dann kann nichts schiefgehen.

Wichtig für mich als Verkäufer ist hier, dass es unser Projekt ist. Wir lösen das gemeinsam, und wir alle haben daraus einen echten Mehrwert.

Es ist schon sehr unwahrscheinlich, dass ein Kunde, der bereits selbst Arbeit investiert hat und der sieht, dass das Projekt in die richtige Richtung läuft,

dieses plötzlich ablehnt. In so einem Fall können Sie ihn nur gründlich missverstanden haben.
Ich lege mein Angebot in solchen Fällen beim dritten, spätestens vierten Treffen. Hier hatte der Kunde bereits zwei bis drei Mal eine Hausübung zu erledigen. Der Kunde ist hier immer schon sehr gespannt, wie denn das Projekt aussieht. Die einzige Frage, die sich hier in der Regel stellt, ist, welche Variante meines Angebots er bucht.

Bei den vorhin angesprochenen Standardseminaren aus meinem Repertoire sieht das anders aus. Da verkaufe ich das Seminar bei einem Termin. Die Dienstleistung ist klar, die Beschreibung auf wenigen A4-Seiten übersichtlich und der Preis gegeben. Als kleines Geschenk nehme ich vielleicht in Zukunft ein Gratisexemplar meines Buches mit oder verschicke es schon vorher. Überlegen Sie sich selbst, wer vom potenziellen Kunden mehr Vertrauen bekommt: ein Unbekannter, der erklärt, dass er verkaufen kann, oder ich, der dem Kunden ein kleines „Werbegeschenk" überreicht, das seine Fachkompetenz untermauert?
Die sieben Schritte sind bei allen Dienstleistungen und auch Produkten identisch. Der Unterschied liegt in der Dauer der einzelnen Schritte. Manche Dienstleistungen haben längere Akquise- und Bedarfserhebungsphasen, andere wiederum eine sehr lange Durchführungsdauer.

Schritt 6: Feedback

Der Verkauf ist getätigt, Ihre Dienstleistung bezahlt – das war es? Nein, ganz und gar nicht, jetzt geht es gerade erst los. Wir wollen einen zufriedenen Kunden haben, wir wollen seine Meinung zu unseren Leistungen wissen, damit wir ständig besser werden können. Wir brauchen sein Feedback. Das kann durchaus auch eine Reklamation sein. Sie ist für uns wichtig, denn so erfahren wir:

- uns noch unbekannte Schwachstellen
- Kommunikationsprobleme
- Mängel in der Verkaufsabwicklung
- Fehler im Prozess
- …

Kurzum, der Kunde teilt uns Stärken und Schwächen aus seiner Sicht mit, und wir haben dadurch die Chance, dieses Feedback in unsere zukünftigen

Unternehmungen einzubinden und unsere Abläufe und unsere Leistung zu verbessern. Wir erfahren mehr über unsere Zielgruppe, weil wir gemeinsam am „Machen" sind, und lernen sie noch viel besser kennen. Das kann uns im BIG-BANG-TETRAEDER nur nach vorne bringen, sofern wir sofort mit der Umsetzung beginnen.

Ich halte diese Phase für die sensibelste im gesamten Verkaufsprozess, da sie über unsere zukünftige Geschäftsbeziehung entscheidet. Ich will Ihnen das aus Sicht des Kunden erklären:

Der Kunde ist bis zum Vertragsabschluss in der stärkeren Position. Er kann in der Regel aus mehreren Optionen verschiedener Mitbewerber auswählen. Ab dem Punkt, an dem der Kunde bei Ihnen eine verbindliche Zusage abgibt, also zum Beispiel einen Vertrag unterschreibt, ändert sich das Machtverhältnis aber zugunsten des Verkäufers.

Hier kurz eine Frage an Sie als Verkäufer: Warum hat der Kunde sich für Sie entschieden? Einzig richtige Antwort, sofern Sie nicht Wasser in der Wüste an Verdurstende verkaufen: Er vertraut Ihnen.

Jetzt sind Sie am Zug. Sie haben die Unterschrift, das Machtverhältnis hat sich gedreht, weil der Kunde Ihnen sein Vertrauen geschenkt hat. Deutsch ist eine tolle Sprache, wahrscheinlich eine der schönsten der Welt. Gleich noch mal: Er SCHENKT Ihnen sein Vertrauen. Jetzt haben Sie sich dieses Geschenks würdig zu erweisen. Es gibt keinen Grund, sich zu entspannen, ganz und gar nicht. Sie haben jetzt alle Hebel in Bewegung zu setzen, damit Sie sich dieses Vertrauens würdig erweisen. Wenn Sie das schaffen, prophezeie ich Ihnen zwei Dinge:

1) Der Kunde kommt wieder, vor allem deshalb, weil Sie sich aktiv um ihn kümmern werden.
2) Er wird Sie weiterempfehlen. Ihr Kunde macht für Sie Akquise, indem er Sie weiterempfiehlt. Einfach so? Nein, genau deshalb: Sie haben sich seines Geschenks würdig erwiesen.

Werden Sie darauf warten, bis sich alle Ihre Kunden bei Ihnen melden? Nein, definitiv nicht. Sie werden auf alle, die sich nicht bei Ihnen melden, aktiv zugehen. Sie werden sie anrufen, sie besuchen und sie fragen, ob und wie sie zufrieden sind. Sie werden Ihren bestehenden Kunden weitere Produkte anbieten und somit aus Kunden Stammkunden machen.

Ich rate Ihnen: Planen Sie genügend Zeit für die Nachbetreuung Ihrer Kunden ein. Seien Sie für sie erreichbar und überlegen Sie sich, da Sie jetzt Ihren Kunden schon besser kennen, mit welchen Produkten aus Ihrem Sortiment

Sie ihn wahrscheinlich noch überzeugen können. Rufen Sie sich von Zeit zu Zeit Ihre Kunden in Erinnerung, indem Sie Ihre Stammkunden pflegen und exklusive Angebote für sie vorbereiten.
Wissen Sie, wann Ihr Kunde Geburtstag hat, was seine Hobbys sind und womit er sich gerne beschäftigt? Was ist für ihn geschäftlich wichtig? Welche Glaubenssätze vertritt er? Gehen Sie darauf ein. Zeigen Sie ein ehrliches Interesse an dem Menschen, der bei Ihnen kauft, und versuchen Sie, die beste Lösung für diesen Menschen zu finden. Somit erweisen Sie sich des Vertrauens würdig und werden aus einem Neukunden einen Geschäftsfreund machen. Einem Freund vertrauen Sie automatisch, Ihr Kunde macht das auch.

Schritt 7: Wiederverkauf

Auf dieser Basis können Sie Ihrem Kunden stets erneut unter die Augen treten und ihm neue Vorschläge machen. Je mehr Sie über ihn wissen, umso besser werden ihm Ihre Vorschläge gefallen.
Rufen Sie ihn an oder besuchen Sie ihn, klären Sie ab, wo gerade seine geschäftlichen Herausforderungen liegen. Sie werden ihm ein viel präziseres Angebot unterbreiten können als beim Erstkauf. Ist es einfacher, wieder zu verkaufen? Ja, definitiv. Überlegen Sie sich meine sieben Schritte!

Schritt 1: Sind Sie auf einen Kunden, den Sie bereits kennen, schneller vorbereitet als auf einen unbekannten? Ganz bestimmt sogar! Sie haben sich eine Kundenkartei in Ihrer Datenbank angelegt und sich Notizen über den Kunden und seine Wünsche gemacht. Sie rufen sich dies ins Gedächtnis, Sie müssen es nicht erst neu erfragen.

Schritt 2: Erstkontakt – welcher Erstkontakt? Wir kennen einander und können uns auf einander verlassen. Wissen Sie noch – der Erstkontakt. Wie viele Verkäufer scheuen sich davor, den ersten Schritt zu tun? Brauchen Sie nicht mehr, der fällt weg! Ich sage Ihnen: Stammkunden sind einfach genial! Es kann Ihnen sogar passieren, dass ein Stammkunde den ersten Schritt macht. Der sagt Ihnen dann auch noch gleich, was er braucht, da fallen dann noch die Vorbereitung und Schritt 3, die Bedarfsanalyse (zumindest zum Teil), weg. Der weiß bereits, was er will. Vielleicht braucht er aber noch etwas dazu, um ein optimales Ergebnis erzielen zu können. Empfehlen Sie es ihm. Was denken Sie: Wird er in dieser Situation für Zusatzkäufe offen sein?

Sie werden sehen, dass Sie das Vertrauen Ihres Stammkunden von Mal zu Mal leichter bekommen werden, sofern Ihre Leistungen passen. Machen Sie bitte nicht den Fehler, dieses Vertrauen jemals zu missbrauchen, denn das wird er Ihnen nicht vergeben. Niemals!

Abschließend möchte ich bei meinen sieben Schritten festhalten, dass es keine Gerade ist, die Sie immer wieder durchlaufen. Sie müssen sich das Ganze als eine Erfolgsspirale steil nach oben vorstellen. Denn Sie werden immer erfolgreicher werden, wenn Sie nur am Ball bleiben. Wenn Sie sich nach Kräften bemühen, das Beste für Ihren Kunden rauszuholen, dann kann Ihnen langfristig gar nichts passieren. Denken Sie an das Erfolgs-Tetraeder und wie Sie in einer immer schneller werdenden Aufwärtsspirale nach oben wandern.

Sie müssen nur stets die folgenden vier Punkte beachten:
1) Verkaufen Sie nicht unter Ihren Kosten, Sie leben vom Gewinn und nicht vom Umsatz.
2) Arbeiten Sie ständig daran, das Vertrauen Ihres Kunden zu gewinnen, und er wird kaufen.
3) Beweisen Sie ihm nach dem Abschluss, dass Sie seines Vertrauens zu 100 Prozent würdig sind.
4) Kümmern Sie sich um Ihren Kunden, und er wird immer wieder bei Ihnen kaufen.

Ich hoffe, diese Punkte kommen Ihnen bekannt vor. Ich freue mich schon darauf, Sie als meinen Stammkunden zu begrüßen, und biete Ihnen gerne meine Seminare, Workshops, 1-to-1-Trainings und Unternehmensberatungen an.

....

Für echte Macher: Verkaufsseminare, Workshops und One-to-One-Trainings zu Teil II dieses Buchs finden Sie auf unserer Homepage: www.egger-training.at

....

TEIL III: STANDARDISIERTE DIENSTLEISTUNGEN – PRODUKTE AUS DIENSTLEISTUNGEN GENERIEREN

Ich habe bereits in den vorangegangenen Abschnitten die Möglichkeiten angesprochen, aus Dienstleistungen Produkte (standardisierte Dienstleistungen) zu generieren. Diese bieten Ihnen mehrere Möglichkeiten. Sie werden Ihren Bekanntheitsgrad steigern und unterstützen Ihr Marketing. Sie unterstützen den Absatz Ihrer persönlichen Dienstleistung, weil Sie der Einzige sind, der dieses Zusatzangebot führt, und unterstreichen Ihr Alleinstellungsmerkmal (USP – Unique Selling Proposition). Oder aber, Sie standardisieren Dienstleistungen zu Produkten, weil Sie sich im BIG-BANG-TETRAEDER nach oben bewegen und nunmehr mit diesen Standardprodukten Kunden akquirieren, die Ihre noch höherwertige Dienstleistung kaufen werden.

In allen Fällen kommt noch ein weiterer, sehr wesentlicher Punkt dazu: Fertige Produkte schaffen passives Einkommen. Sie sind, zugegebenermaßen, einmal viel Arbeit, produzieren dann aber Umsatz ohne eigenes Zutun.

Sie verdienen Geld, ohne aktiv zu arbeiten. Das ist der Schritt, der Sie vom Selbstständigen zum Unternehmer machen wird – ein Ziel, das Sie unbedingt im Auge behalten müssen.

Im Wesentlichen können Sie Ihre Produkte in drei Gruppen einteilen:
a) Marketingprodukte
b) Flankierende Produkte
c) Standardisierte Dienstleistungsprodukte

Diese Aufzählung folgt auch der zeitlichen Abfolge bei Ihrer Geschäftsentwicklung. Lassen Sie uns einen Blick auf die einzelnen Produktgruppen werfen.

Marketingprodukte

Sie werden zu Beginn Marketingprodukte (Content = fachlicher Inhalt zur Problemlösung des Kunden) brauchen. Diese werden Sie in vielen Fällen kostenlos abgeben. Das bedeutet, Sie als Dienstleister müssen Zeit und Geld investieren. Ihr großer Mehrwert versteckt sich in der Akquise. Ich denke hier an den Anwalt, der gratis Rechtstipps im Internet gibt, um so auf sich aufmerksam zu machen. Oder an die Ernährungsberaterin, die ihre „12 goldenen Regeln zur gesunden Ernährung" gegen ein jederzeit kündbares Newsletterabo (also die Möglichkeit, mit potenziellen Kunden zu kommunizieren) gratis verschickt. Ich habe meine Verkaufstipps auf Facebook und Instagram im Kopf, die potenziellen Kunden die Möglichkeit geben, erste Tipps von mir zu bekommen. Diese Liste ist nahezu beliebig fortführbar – wofür Sie sich entscheiden, wird von der Art Ihrer Dienstleistung und Positionierung abhängig sein. All diese Dinge geben dem Kunden einen inhaltlichen Mehrwert. Sie helfen Ihren Kunden, sich mit Ihnen und Ihrer Dienstleistung zu identifizieren. Diese Produktgruppe ist vor allem zu Beginn Ihrer Tätigkeit oder dann, wenn Sie den nächsten Schritt in Ihrer Selbstständigen-Karriere machen, unverzichtbar. Nicht alle diese Produkte müssen kostenlos sein. Je bekannter Sie werden, umso höher ist die Wahrscheinlichkeit, dass Sie diese Produkte auch gegen bares Geld vermarkten können. Zahlreiche Trainer und Coaches, so auch ich, haben Bücher geschrieben, Vorträge und Interviews auf CD oder als Download zur Verfügung gestellt und ab einem gewissen Level eben auch verkauft. Und so ein passives Einkommen generiert.

TEIL III: Standardisierte Dienstleistungen – Produkte aus Dienstleistungen generieren

Flankierende Produkte

Diese sollen Ihre Dienstleistung weiter unterstreichen. Sie helfen Ihnen, Neukunden auf der nächsthöheren Stufe im BIG-BANG-TETRAEDER zu akquirieren, und sind definitiv nicht mehr gratis. Natürlich sind sie billiger als Ihre Dienstleistungen. Sie erleichtern es Ihnen, ein Alleinstellungsmerkmal aufzubauen, und Ihre Kunden können mit Ihren Produkten arbeiten, auch wenn Sie eben nicht dabei sind. Nehmen wir als Beispiel den selbstständigen Heilmasseur, der während seiner Massagen entspannende Musik laufen lässt und Aromaöle einsetzt. Ist der Masseur schlau, dann können seine Kunden bei ihm auch die Öle und die CDs (oder Downloads) erwerben, um es sich ohne Massage auch daheim gemütlich machen zu können. Ich brauche wohl kein Prophet zu sein, um zu erkennen, welches Bedürfnis die Kunden daheim bekommen werden, wenn sie die „Massagemusik" hören und den Duft der Öle wahrnehmen: Eine Massage wäre jetzt super, ich bin ohnehin so verspannt! Wenn der Masseur mich als Unternehmensberater hat, empfehle ich ihm die Einrichtung eines Online-Terminkalenders, damit seine Kunden bequem von daheim den nächsten Termin vereinbaren können, und zwar dann, wenn das Bedürfnis entsteht, während sie seine Musik hören und den Duft der Aromaöle in der Nase haben. Außerdem rate ich ihm zu einem Webshop. Warum sollen sich die Produkte nicht auch online verkaufen?

Sie sehen schon, die Synergie- oder Verbundeffekte werden größer. Ihre Kunden können Ihre Produkte daheim konsumieren und werden an Ihre Dienstleistung erinnert. Ihre Noch-nicht-Kunden können schon mal Ihre Produkte kaufen, um in weiterer Folge Ihre Dienstleistung zu beanspruchen. Beim Verwenden Ihrer Produkte wird der Kunde an Ihr Kerngeschäft erinnert und kann gleich online buchen ...

Vielleicht wenden Sie jetzt ein: „Wenn das so einfach wäre, dann würde es doch jeder machen!" Ich sage Ihnen: Es kann jeder machen, aber nicht alle. Das ist die schlechte Nachricht. Die gute Nachricht ist, dass es ohnehin nicht alle machen wollen. Das ist Ihr Vorsprung, weil Sie mein Buch gelesen haben. Nehmen Sie sich doch ein paar Minuten Zeit und notieren Sie ein paar Produktideen, die Ihnen spontan einfallen:

Produktideen:

Standardisierte Dienstleistungsprodukte

Stellen Sie sich vor, Sie bewegen sich dank Ihrer immer größer werdenden Expertise und Ihrer Positionierung, die Sie weiter zuspitzen, am BIG-BANG-TETRAEDER immer weiter nach oben. Sie haben verstanden, dass sich Ihre Zielgruppe, je weiter es nach oben geht, verändert, und Sie schaffen es, die Erwartungen zu erfüllen. Plötzlich tut sich aus Ihrer „Marktnische" eine noch kleinere, aber viel spezialisiertere und auch anspruchsvollere auf. Sie können jetzt mit höheren Stundensätzen arbeiten und schaffen es, Nachfrage von neuen Kunden zu generieren. Jetzt ist der Zeitpunkt gekommen, Ihre alte Dienstleistung zu standardisieren. Sie wird Ihnen in Zukunft als Marketingprodukt bzw. als flankierendes Produkt dienen. Ihre Produkte können sehr häufig den Zweck von zwei oder auch von allen drei Produktgruppen abdecken. Im Trainingsbereich ist es eine gängige Vorgehensweise, Einsteigerseminare irgendwann als E-Learnings anzubieten. Die ersten ein oder zwei Einheiten sind kostenlos, wer aber das ganze Paket will, muss dafür bezahlen. Während also Ihr Kunde das Einsteigertraining absolviert, arbeiten Sie „analog" an den Fortgeschrittenenseminaren – auf einem höheren preislichen Level.

Warum sollte nicht auch die Yogalehrerin oder der Fitnesstrainer Einsteigerübungen mit Erklärungen als Standardprodukt zum Download anbieten, wenn sie oder er merkt, dass die Nachfrage der Zielgruppe immer spezieller, aber auch höherpreisig wird? Diese Standardprodukte erfüllen dann Marketingzwecke und flankieren Ihre speziellere neue Dienstleistung auf dem Weg nach oben, da Sie Ihren Kunden Inhalte zur Verfügung stellen, die sie weiterbringen. Außerdem sind diese Standardprodukte für Sie pures Geld bei nahezu keinem laufenden Aufwand. Das kann so weit gehen, dass beispielsweise Anwälte Vertragstypen in drei Produkte (klein – mittel – groß) standardisieren, weil ihre Zielgruppe im Wesentlichen nur diese drei nachfragt. Dadurch haben sie weniger Zeitaufwand und können sich weiter nach oben bewegen.

Der häufigste Einwand, den ich bei der Produktentwicklung höre, ist folgender: „Aber zuerst muss ich doch ausreichend Geschäft machen, die Zeit habe ich am Anfang doch gar nicht!" Können Sie sich noch an den Teil I dieses Buches erinnern? Bauchladen gegen BIG-BANG-TETRAEDER. Indem Sie sich von Anfang an klar positionieren, fällt schon vieles vom „vermeintlichen" Geschäft weg. Sie müssen nur das Selbstvertrauen haben, mit Ihren Dienstleistungen nach oben zu streben und nicht in die Breite. Wenn Sie

TEIL III: Standardisierte Dienstleistungen – Produkte aus Dienstleistungen generieren

überdies an Produktlösungen und Marketingmaßnahmen arbeiten, die Ihre Inhalte transportieren, was glauben Sie:
- Wird Ihre Expertise dadurch größer?
- Wird Ihre Positionierung dadurch schärfer und klarer?
- Wird Ihre Zielgruppe das wahrnehmen?

Dreimal ein Ja! Das ist das, was der Verkäufer in mir hören will – und hoffentlich auch in Ihnen. Fangen Sie an, machen Sie weiter, erkennen Sie, was Sie weiterbringt und was nicht, und werden Sie die beste Version Ihrer selbst. Aber vor allem: Hören Sie niemals damit auf! Ich wünsche Ihnen viel Erfolg.

Die Umsetzung

Sie haben wohl schon richtig erkannt, dass es Zeit braucht, Dienstleistungen zu standardisieren und am BIG-BANG-TETRAEDER nach oben zu steigen. Diese zeitlichen Ressourcen müssen Sie schaffen.

Ich empfehle Ihnen dazu die Anwendung des Pareto-Prinzips. Dieses besagt im Wesentlichen Folgendes:
Sie produzieren mit 20 Prozent des Aufwands 80 Prozent der Ergebnisse.
Umgelegt auf Ihre Kunden bedeutet das, dass 20 Prozent der Kunden 80 Prozent Ihres Gewinns (bzw. Deckungsbeitrags) erwirtschaften. Bei diesen 20 Prozent müssen Sie mit allen Mitteln daran arbeiten, dass diese Ihre Kunden bleiben. Denken Sie an die Schritte 6 und 7 im Verkaufsprozess – Feedback und Wiederverkauf. Diese 20 Prozent sind es, die Ihnen die Richtung für Ihre weitere Positionierung weisen. Wenn Sie diese 20 Prozent genau kennen, dann können Sie Ihre Produkte immer mehr nach deren Bedürfnissen auslegen und somit automatisch im BIG-BANG-TETRAEDER aufsteigen. Sie werden dann auch neue Kunden anziehen, die zu Ihrer neuen Erfolgsstufe passen.
Aber wann sollen Sie die bearbeiten? Hierfür brauchen Sie Konsequenz. Es gibt auch am anderen Ende 20 Prozent Kunden, die Ihre Arbeitszeit binden und keine oder kaum Gewinne abwerfen. Von diesen Kunden müssen Sie sich trennen. Unbedingt! Denn wenn wir Pareto noch einmal betrachten und davon ausgehen, dass Sie mit 20 Prozent der Kunden 80 Prozent Ihres Gewinns machen, dann machen Sie mit 80 Prozent der Kunden 20 Prozent

des Gewinns. Die untersten 20 Prozent müssen Sie loswerden. Ich kommuniziere das alljährlich. Ich sage ihnen offen, dass ich der Meinung bin, dass sie bei einem Mitbewerber besser aufgehoben sind. Bei meinen Seminarprodukten mache ich das genauso. Wenn ich sehe, dass ich mich weiterentwickelt habe und das Produkt nicht mehr zu mir passt, dann gebe ich es auf. Übrig bleiben jetzt 60 Prozent Kunden, die auf den ersten Blick eine „graue Masse" bilden. Für die sind Ihre standardisierten Dienstleistungsprodukte geeignet. Genau für diese Kunden machen Sie die. Denn ein Teil dieser Kunden kann und wird Sie auf Ihrem Weg nach oben begleiten. Da Sie jetzt in einem Marktsegment über Ihrem alten Marketing betreiben, entsteht dadurch Sog nach oben. Nachdem Sie aber auch Ihr altes Segment betreuen, wenn auch mit standardisierten Dienstleistungsprodukten, entsteht dadurch Schub nach oben.

Nachdem beide Kräfte in dieselbe Richtung wirken, nämlich nach oben, können Sie im BIG-BANG-TETRAEDER nur nach oben kommen. Diese Methode ist mehr als sicher, denn Sie behalten jeweils jene Kunden, die 80 Prozent Ihrer Gewinne produzieren. Sie müssen nur Ihr Unternehmen so ausrichten, dass Sie mit 80 Prozent Ihrer Gewinne leben können, und haben Zeit über Zeit, sich in neue, höhere Positionierungen vorzuarbeiten. Wenn Sie diese Regel beachten, können Sie in Wahrheit im Lauf der Zeit nur mehr und mehr verdienen. Sie haben mehr Zeit, weil sie „aufräumen", und können sich Ihrer Entwicklung widmen.

Für echte Macher: Sie wollen den nächsten Schritt am BIG-BANG-TETRAEDER machen? Ich biete Ihnen individuelle Unternehmensberatung für das Marketing und den Vertrieb Ihrer Dienstleistungen. Ich unterstütze Sie beim Standardisieren von Dienstleistungen und bei der Erhöhung Ihres Servicegrads! Weitere Informationen: www.egger-training.at